La fórmula
ALMODÓVAR

La fórmula ALMODÓVAR

*Los 10 suplementos nutricionales imprescindibles
a partir de los 40*

Miguel Ángel Almodóvar

nowtilus

Colección: En progreso
www.enprogreso.com

Título: La fórmula Almodóvar
Subtítulo: Los 10 suplementos nutricionales imprescindibles a partir de los 40
Autor: © Miguel Ángel Almodóvar

Copyright de la presente edición: © 2008 Ediciones Nowtilus, S.L.
Doña Juana I de Castilla 44, 3º C, 28027 Madrid
www.nowtilus.com

Editor: Santos Rodríguez
Coordinador editorial: José Luis Torres Vitolas

Diseño y realización de cubiertas: Rodil&Herraiz
Diseño del interior de la colección: JLTV

ISBN-13: 978-84-9763-528-8
Fecha de edición: Mayo 2008

Printed in Spain
Imprime: Graphycems
Depósito legal: NA-1447-08

Índice

AGRADECIMIENTOS

A mi eterna jefa y sin embargo mucho más que amiga, **Teresa Campos**, que siempre me brindó y me sigue brindando la oportunidad de hablar de estas cosas en sus programas de radio y televisión.

Al **Dr. José Luís Vázquez**, sabio, campechano, compañero de viaje en tantas aventuras divulgativas y en las fatigas de los asaltos de algún que otro bandolero que aún pulula por los desmontes de la medicina natural.

A **Jesús Valdivia**, tan buen fotógrafo como persona, optimismo y gracejo en estado puro, que me retrató para esta aventura.

A **Paco Valladares**, amigo-hermano, que siempre me acompañó en todo (hasta el infinito y más allá, como los Buzz Lightyear de pilas), y además de en todo, en la aventura de presentar en sociedad mis libros.

A **María Eugenia Yagüe**, quien en sus viajes a lo largo y ancho de este mundo, en amable emulación del capitán Tan, me provee generosa de literatura y productos novedosos.

Al **Dr. Ignacio Martínez Pantoja**, compañero del alma televisivo, ojo clínico de lince y bueno en el buen sentido de la palabra bueno, por lo mucho y grato que me enseñó y me enseña.

A **Beatriz Muñoz**, responsable de la sección de alimentación en el suplemento *A tu salud* y una de mis múltiples y más queridas jefas, por su afabilidad general y por las ayudas específicas en la confección de este libro.

A **Maixa Gómez**, quien desde la revista *Mi Herbolario*, brega lo indecible por introducir una nueva cultura de salud natural.

Al herbolario **La Vita**, que en emulación de las reboticas de antaño, sabe mucho de lo último y sobre ello reflexiona, debate, aconseja y guía.

A **Fernando Sánchez Dragó**, quien con su coraje para hablar de la realidad de estos temas, nos desbroza el camino a algunos y le abre los ojos a los tantísimos más.

A **Fran,** mi hijo, por su carita y su mirada siempre atenta, que me evoca los cantares de don Antonio: "El ojo que ves no es ojo porque tú lo veas; es ojo porque te ve".

Prólogo

Hace ya muchos años que conozco a Miguel Ángel Almodóvar, aunque no los suficientes para llegar a imaginar su sapiencia en innumerables campos de la ciencia, la cultura, los medios de comunicación, etc., y algo, que con ser esto mucho, lo supera de largo, como es la fidelidad para con sus amigos. No puedo por menos que agradecerle la distinción que me hace ofreciéndome prologar este libro.

Cuando me comentó que estaba trabajando en un libro sobre los complementos nutricionales necesarios para, a partir de cierta edad, mantener la salud y la calidad de vida, me pareció una idea excelente y, sobre todo, necesaria. Hoy la esperanza de vida es más alta y hay que procurar que se mantenga una buena salud y un buen funcionamiento de nuestro organismo para que estos años los podamos disfrutar, no que sean un tormento tanto para nosotros, como para las personas que nos rodean.

El enorme interés del libro que tienen en sus manos es que ofrece las claves para mantenernos con una actividad física e inte-lectual razonable, para prevenir las enfermedades degenerativas propias de la edad, mediante la complementación de la dieta con nutracéuticos, no con medicamentos, que se exponen en estas páginas explicados de forma amena, sencilla y fácil.

Aquí disponen pues de una guía práctica para poder vivir más años, disminuyendo los efectos del enlentecimiento fisiológico de nuestro organismo y, por tanto, con una mayor calidad de vida.

José Luis Vázquez

Doctor en Farmacia y Presidente de la Plataforma en defensa de la Salud Natural

¿POR QUÉ ESCRIBO ESTE LIBRO?

Hace muchos años que me dedico al estudio y a la divulgación de las propiedades nutricionales y terapéuticas de los alimentos y en 2000 publiqué un libro, *Cómo curan los alimentos*, que aún sigue vivo en el mercado, lo cual dice bastante respecto al interés y el favor que a lo largo de este tiempo le ha venido otorgando el público lector, si se tiene en cuenta la situación del mercado editorial español, que, con el lanzamiento de unos 70.000 títulos anuales, ha hecho que el libro tenga una esperanza de vida al nacer bastante cercana a la de las revistas. Más allá de la satisfacción personal que pudiera producirme esta circunstancia, en ella se evidencia el creciente interés social por una terapéutica "natural", que pueda utilizarse si no como alternativa, al menos como complementaria a la opción simplemente farmacológica.

Esta constatación se ha hecho aún más evidente, inmediata y directa en la experiencia como director y presentador de varios

programas o secciones televisivas y radiofónicas, junto a distintas colaboraciones en la prensa escrita.

A lo largo de esta última década, no sólo he podido ir comprobando el enorme interés que suscitan las alternativas terapéuticas no farmacológicas, sino que, y por añadidura, durante este periodo se ha ido produciendo la eclosión de los llamados nutracéuticos o alicofármacos, los productos funcionales y los alimentos reforzados. No obstante, sobre este punto existe una enorme confusión entre los consumidores y quizá convendría hacer un alto en la exposición de intenciones para aclarar conceptos.

Un nutracéutico o alicamento es un suplemento dietético, presentado en una forma no alimenticia, como píldoras, perlas, cápsulas, polvo, etc, de una sustancia natural bioactiva concentrada que está presente en los alimentos (al menos en teoría y luego veremos el porqué), y que tomada en dosis mucho más altas a las que teóricamente se presumen en éstos y en una dieta ordinaria, manifiesta un efecto favorable y mayor sobre la salud. De otro lado, y según la definición del Consejo Internacional de Información sobre Alimentos, IFIC, alimentos funcionales son aquellos que, además de su papel nutritivo básico, son capaces de proporcionar un beneficio añadido para la salud (es el caso, por ejemplo, de los tomates, cuyo contenido en licopeno reduce el riesgo del cáncer de próstata; con los pescados azules, cuyo contenido en ácidos omega-3 reduce el riesgo de enfermedades cardiovasculares; o con frutas y verduras, cuyos flavonoides neutralizan los radicales libres oxidantes). Por último, los alimentos fortificados son aquellos a los que se adiciona algún componente beneficioso para la salud, como es el caso de la leche frecuentemente enriquecida con calcio, vitamina D, ácidos grasos omega-3 o ácido linoléico conjugado (CLA).

De entre toda esta oferta pretendidamente saludable, cada vez me ha ido interesando más todo el grupo de suplementos que pueden remediar estados carenciales derivados de dos circunstancias: algunos nutrientes esenciales que actualmente es muy difícil conseguir desde los alimentos (por circunstancias que pronto se verán) y sustancias que el organismo fabrica de forma natural, pero cuyas tasas de producción decrecen dramáticamente con la edad.

Sin embargo, y aún a pesar de que existe una sólida evidencia científica respecto al gran valor nutritivo y al enorme potencial terapéutico de estos productos, la medicina oficial parece que con cierta frecuencia sigue negándoles el pan y la sal, las más de las veces por la vía de ignorarlos olímpicamente a la hora de la prescripción.

En 2007 se publicó en Estados Unidos un libro *Suplement your Prescription*, que inmediatamente supuso un enorme éxito editorial. Su autora, la médico psiquiatra Hyla Cass, subtitula su obra con una aparentemente sorprendente pregunta: *What Your Doctor Doesn't Know About Nutrition*, "Lo que su doctor no sabe de nutrición". Cass, precisamente en el epígrafe inicial que explica las razones que le impulsaron a escribir el libro, cita una experiencia personal que resulta altamente clarificadora. Un buen día llegó a su consulta Kathy, una maestra retirada de cincuenta y siete años. Le explicó que, por prescripción facultativa, estaba tomando tres fármacos: Diuril, un diurético para la hipertensión; Fosamax, un bifosfonato para el tratamiento de la osteoporosis; y Tenormin, para las palpitaciones del corazón. Kathy le explicó a la doctora Cass que se encontraba siempre cansada, muy nerviosa, frecuentemente deprimida y con dificultades para conciliar el sueño. Un somero análisis demostró que la paciente presentaba niveles muy bajos de magnesio, potasio y cinc, y que esa deficiencia estaba provocada por los efectos secundarios de los tres medicamentos. Tomando una dosis diaria de los tres minerales en los que era deficitaria, más un suplemento vitamínico, Kathy dejó de estar cansada, nerviosa y deprimida. Cuando regresó a su médico habitual, éste le felicitó y le bajó las dosis de los tres fármacos que le había prescrito con anterioridad. La pregunta parece evidente: ¿por qué no se le había ocurrido a él, en lugar de la psiquiatra?

Yo no soy médico y me cuido muy mucho de aconsejar algo sin que el profesional correspondiente tenga conocimiento de la recomendación, la apruebe y si lo considera oportuno la prescriba, pero me ha ocurrido con cierta frecuencia que mi consejo era saludado favorablemente una vez expuesto por el paciente. Como ejemplo, cada vez que una amiga o familiar se queda embarazada le pregunto si está suplementando su dieta con DHA (unos de los ácidos grasos omega-3) e invariablemente me responden que no, que lo que le han recetado es ácido fólico. Les explico que el ácido fólico es para evitar riesgos de espina bífida, y que DHA es algo muy distinto, ya que interviene en la formación y desarrollo del tejido neuronal y en la visión del feto o lactante, evita los riesgos de prematuridad (algo nada baladí, ya que actualmente representa la mayor cifra de gasto en la sanidad pública española) y minimiza, para ella, la posibilidad de depresión post parto. Indefectiblemente, cuando la persona en cuestión le consulta a su ginecólogo, éste le dice que, efectivamente, tomar DHA durante el embarazo es una estupenda opción y que adelante con los faroles.

La pregunta vuelve a ser la misma: ¿por qué no se le ocurren estas cosas a los médicos?

Pues justamente, y aquí llegamos a la conclusión, para eso escribo este libro: para que si a los profesionales no se les ocurre, usted, querido lector o lectora, tenga la posibilidad de consultárselo o, sencillamente, para que su abanico de alternativas saludables se abra y se amplíen su posibilidades de decidir en cada situación y momento, porque, en el peor de los casos, el suplemento nutricional puede que no alcance las mejores expectativas, pero, y esto es más que importante trascendental, no le hará daño ni le provocará indeseables y a veces graves efectos secundarios.

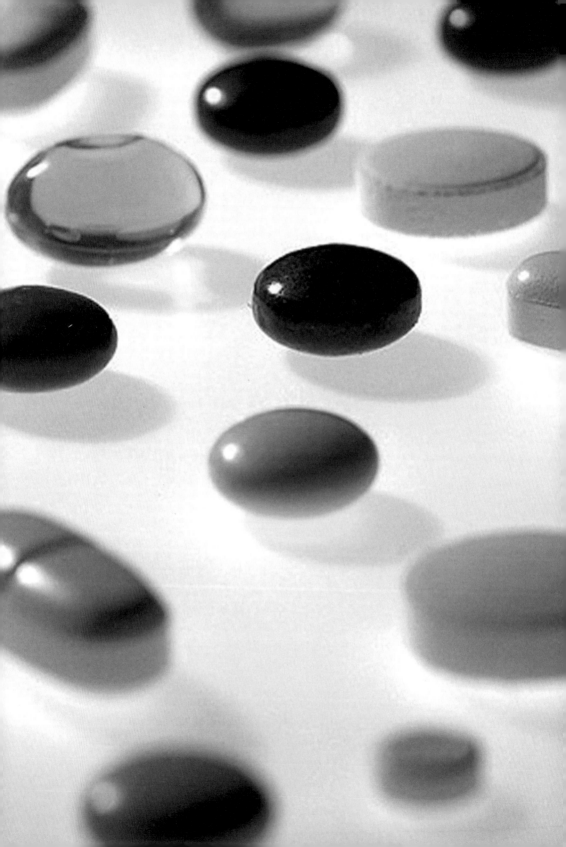

1

Medicamentos versus complementos

Ante todo no hacer daño o los medicamentos no tan fiables

Con frecuencia, desde las altas instancias de la ciencia y la medicina oficial se duda no sólo de la eficacia de los productos naturales, fitoterapia y suplementos nutricionales no químicos, sino que se apunta la posibilidad de un riesgo inaceptable el consumirlos, alegando que se desconocen sus efectos a largo plazo.

Durante siglos, los profesionales de la salud y la medicina han considerado y consideran como su primer principio ético la máxima hipocrática *primum nihil nocere*, ante todo no hacer daño; no dañar. Sin embargo, la realidad de los hechos apunta a que no es infrecuente que la industria farmacéutica y las autoridades sanitarias sorteen el precepto, al menos dejen de observarlo al pie de la letra. Con ésto, por supuesto, no se pretende poner en cuestión la honestidad y buena práctica de la globalidad, ni siquiera de una parte estimable de la industria farmacéutica, ni mucho menos minimizar su extraordinaria aportación a la lucha contra la enfermedad y la muerte, junto a su decisivo papel en el incremento de la calidad general de vida de los ciudadanos, pero ante las reticencias que se manifiestan desde las instancias oficiales sobre la eficacia y peligro potencial de la medicina natural, folkmedicina, fitoterapia y tratamientos alternativos, conviene poner las cosas en su sitio, porque, de otra forma, parecería que todo se reduce a identificar farmacología química o de síntesis con seguridad y eficacia, frente a dudas y riesgos sobre todo aquello que sale de su ámbito.

Un estudio publicado en la prestigiosa revista científica *Journal of the American Medical Association* ponía de manifiesto que en Estados Unidos mueren cada año unas 106.000 personas como consecuencia de los efectos secundarios y adversos de distintos fármacos prescritos por un médico y tomados correctamente por el paciente. El artículo concluía que actualmente esta es la cuarta causa de muerte en Norteamérica.

Hay más datos que invitan a la reflexión. Según los CDC norteamericanos, *Centers for Disease Control and Prevention*, en 2003 más de 1,7 millones de las visitas a urgencias hospitalarias se atribuyeron a los efectos secundarios de medicamentos y tratamientos quirúrgicos.

En las últimas décadas, más de una docena de medicamentos que había recibido la aprobación científica y autorización para su comercialización por parte de la todopoderosa agencia del medicamento norteamericana, FDA (*Food and Drug Administration*), tuvieron que ser retirados a causa de sus graves efectos adversos. En muchos casos (y alguno tan sonado como el del Vioxx que se verá después) ya habían sido responsables de miles de muertes en todo el mundo. Sin embargo, nada de eso, ni de lejos, puede decirse de cualquier suplemento alimentario, remedio natural o fitoterapéutico.

En definitiva, hay que dejar claro que casi todos los medicamentos tienen efectos secundarios y que, en algunos casos, valdría

el refrán de que es peor el remedio que la enfermedad. Y por poner un ejemplo, en agosto de 2001 la Agencia Española del Medicamento retiró del mercado varios medicamentos anticolesterol (Lipobay, de Bayer; Liposterol, de Vita; Vaslip, de Ferrer Internacional; y Zenas Micro, de Fournier S.A.). El motivo fue que el principio activo de estos fármacos, la cerivastatina, combinado con el gemfibrocilo que se usa para bajar los triglicéridos, producía la destrucción del tejido muscular. En España se contabilizaron 34 muertos por el uso de estos productos.

Otro dato que invita a la reflexión es la importante cantidad de bufetes de abogados norteamericanos, especializados en demandas relativas a medicamentos retirados del mercado. En prensa o a través de las páginas de Internet ofrecen sus servicios profesionales a los pacientes que hubieran podido resultar afectados por un listado de medicamentos que, como mínimo y además del Vioxx, incluye siete referencias: Baycol (para bajar el colesterol y vinculado a dolor muscular, problemas renales y muerte); Rezulin (para diabéticos y vinculado a daños hepáticos, problemas cardiacos, fallos renales y muerte); Meridia (adelgazante relacionado con problemas cardiacos y muerte); Serzone (antidepresivo, vinculado a accidentes cardiovasculares y muerte); Celebrex (calmante igualmente vinculado a accidentes cardiovasculares y muerte); Zyprexa (antipsicótico, relacionado con hiperglicemia y diabetes); y Bextra (calmante, vinculado a daño hepático, problemas gastrointestinales y muerte).

¿Qué podemos deducir de estos datos?, ¿quizá que es preciso elegir entre una u otra fórmula de tratamiento? Concluir tal cosa sería absurdo, en primer lugar porque los medicamentos, y ésto es una obviedad, curan mucho más que empeoran o matan, y además porque ésto significaría dejar completamente de lado la gran oportunidad de aprovechar los potenciales que en cada caso ofrecen ambas alternativas. No hay que excluir, sino complementar; no hay que restar; hay que sumar. Siempre sumar, pero dejando las cosas claras, en la medida de lo posible, y para ello es preciso poner algún punto sobre algunas íes.

EL EJEMPLO DEL HARPAGOFITO
FRENTE A LOS ANTIINFLAMATORIOS DE SÍNTESIS

Cada vez son más las personas que sufren molestias en el aparato locomotor y la cifra no cesa de aumentar. Según datos de la Sociedad Española de Reumatología (SER), uno de cada cuatro adultos españoles padece una enfermedad reumática y a partir de los 65 años esa relación se eleva a siete de cada diez. Por otra parte, uno de cada cinco padece lumbalgia, siendo ésta la primera causa de incapacidad o absentismo laboral en menores de 45 años. Como consecuencia de todo ello más de seis millones de españoles toman antiinflamatorios como tratamiento, que, en muchos casos, es de por vida.

Tradicionalmente, los antiinflamatorios y analgésicos esteroideos o AINES, utilizados en el tratamiento de una gran variedad de dolencias reumáticas presentaban problemas gastrointestinales secundarios y de ahí el éxito inmediato que, a finales del pasado siglo, tuvieron los llamados AINES, antiinflamatorios no esteroideos, inhibidores selectivos de la COX, conocidos coloquialmente como "coxibs" o "superaspirinas". El diclofenaco, comercializado como *Voltarem*, y el rofecoxib, *Vioxx* en el mercado, se convirtieron en las rutilantes estrellas de esta nueva generación de fármacos. En el año 2003 el volumen de ventas de los antirreumáticos no esteroideos alcanzó la espectacular cifra de 12.400 millones de dólares.

Pero, por aquella época, dos estudios, uno realizado por el doctor Chrubasik (publicado en la prestigiosa revista científica especializada Rheumatology), y otro del profesor Georgios Godolias, catedrático de la universidad alemana de Witten Herdecke, concluyeron que el extracto de harpagofito era tanto o más efectivo en el tratamiento de enfermedades reumáticas que los antirreumáticos no esteroideos, y además presentaba menos efectos secundarios que éstos.

Concretamente, el segundo estudio, dirigido por el doctor Godolias, en la Clínica de Ortopedia y Traumatología del Hospital St. Anna, en Herne, Alemania, sobre 97 pacientes, evidenció que al

HARPAGOFITO
HARPAGOPHYTUM PROCUMBENS

Es el tubérculo de una planta rastrera africana, popularmente conocida como Garra del diablo, de hojas duras y carnosas, y flores de color púrpura. Se cría en estado salvaje en el desierto de Kalahari.

Composición
Dentro de su composición destacan como principios activos tres glucósidos monoterpénicos amargos, del tipo aucubósido o iridoide. De ellos el más complejo es el harpagósido (0,5-1% de la planta seca), que produce por saponificación la harpágida, donde la fracción cinámica ha desaparecido (también se encuentran en el Gordolobo). El tercer compuesto, el procumbido, se distingue de la harpágida por la presencia de un OH en 7.

Propiedades
Antirreumático, antiinflamatorio, analgésico, antiespasmódico, estimulante digestivo y colagogo (estimula la excreción de bilis de la vesícula biliar).

Indicaciones
Artritis, reumatismos, traumatismos, artrosis, osteoartritis de cadera o rodilla, lumbago, ciática, dolores musculares y de espalda, tendinitis, dolores articulares debidos al esfuerzo, neuralgia, inapetencia, disfunciones del hígado y la vesícula biliar, espasmos gastrointestinales, colesterol alto, gota y problemas prostáticos.

Numerosos estudios en pacientes artríticos han demostrado una mejora significativa en la sintomatología dolorosa y la flexibilidad articular, sin provocar efectos secundarios, en particular sobre el estómago.

Por otra parte, su asociación con la cola de caballo y diente de león favorece la regeneración del cartílago.

Se puede utilizar de forma continua, sin descansos, durante 3-6 semanas.

Efectos secundarios
El harpagofito sólo está contraindicado en caso de úlcera gastroduodenal.

cabo de seis semanas, los pacientes tratados con extracto de harpagofito manifestaron una reducción del dolor lumbar del 20,7% (medido en la escala de la Sociedad Espinal norteamericana), frente a un 20,6% del grupo al que se le administró rofecoxib (*Vioxx*), y un 17% en los tratados con diclofenaco (*Voltarem*). Los efectos secundarios, aunque leves en todos los casos, fueron sensiblemente menores con el harpagofito (un 15,6%), frente a 33,3% del rofecoxib (*Vioxx*) y a un 56,2% en el caso del diclofenacio

(*Voltarem*). Al final del estudio, los pacientes tratados con harpagofito valoraron la tolerancia como excelente (70%) o buena (30%), muy por encima de los resultados de los otros dos tratamientos.

Mientras todo esto ocurría, ya se había empezado a sospechar que algunos de estos "coxibs", aunque bastante respetuosos con el sistema gastrointestinal, podrían tener muy importantes efectos secundarios a nivel cardiovascular. Las sospechas empezaron a cobrar dramático fundamento cuando en 2004 la firma *Merck Sharp & Dohme* decidió retirar del mercado su producto *Vioxx* ante la sospecha de que pudiera ser la causa de miles de muertes por accidentes cardiovasculares. Muy pronto se estimó que alrededor de un 1% de los 20 millones de norteamericanos que tomaban regularmente *Vioxx*, fundamentalmente para tratar los dolores artríticos, habían aumentado considerablemente el riesgo de sufrir un ataque cardiaco. Las primeras estimaciones consideraron que unas 30.000 personas podrían haber muerto de ataques al corazón, como resultado directo del tratamiento con *Vioxx*; la FDA, de forma casi oficial, aumentó la cifra estimada hasta 55.000; mientras que la prestigiosa revista *The Lancet* calcula que el número de fallecimientos por *Vioxx* pudiera estar realmente en torno a las 100.000 personas.

LOS PROBLEMAS DE LOS SUPLEMENTOS Y DE LA MEDICINA ALTERNATIVA Y COMPLEMENTARIA

Los suplementos dietéticos que se recomiendan en este libro y otros tantos y muchos enormemente interesantes, pero que en este caso han quedado para mejor ocasión, se incluyen en un conjunto de tratamientos y terapias que ha venido en llamarse Medicina alternativa y complementaria (MAC) y que los Institutos Nacionales de Salud norteamericanos (NIH) han definido como el conjunto de diversos sistemas, prácticas y productos médicos y de atención a la salud que no se consideran actualmente parte de la medicina convencional o medicina alopática occidental (MAO). La definición, obviamente muy general, se sitúa lejos del objetivo o la pretensión de encontrar un núcleo de identidad para las heterogéneas prácticas consideradas generalmente en occidente como parte de la MAC.

Lo cierto es que en los últimos años se ha constatado un enorme progreso de actividades de extensión y divulgación relacionadas con la medicina complementaria y alternativa (MAC), y al mismo tiempo se evidencia que ni la mayoría de los pacientes le cuentan a sus médicos que están usando productos y sometiéndose a terapias relacionadas con la MAC, ni los médicos se interesan o preguntan por el asunto, de manera que o se pierde la oportunidad de conocer positivas sinergias, o se dejan de prevenir posibles interacciones negativas. En este punto hay que decir alto y claro que tanto pacientes como médicos deben decidirse rápidamente a dar el paso y "salir del armario".

Uno de los principales problemas que presentan los productos alternativos y los suplementos a los que aquí se va a aludir es la limitación de evidencia experimental, la ausencia de suficientes ensayos clínicos como fuente de respaldo y la escasez de métodos de prueba para evaluar sus resultados terapéuticos en grupos de pacientes. ¿Por qué?, pues sencillamente porque al tratarse de productos naturales o de sustancias que produce el organismo humano no son patentables y en consecuencia a las grandes multinacionales farmacéuticas no les interesa ni compensa realizar grandes estudios. Dicho en román paladino y por muy comprensible que sea esa actitud, si no hay negocio, la salud importa un bledo.

No obstante, la situación ha empezado a cambiar radicalmente y las publicaciones relacionadas con la MAC en revistas de medicina convencional o alopática han constatado un fortísimo incremento. Al mismo tiempo, han ido apareciendo numerosas revistas que sólo publican artículos en torno a la MAC, que, con el máximo rigor y el conjunto de metodologías apropiadas, utili-

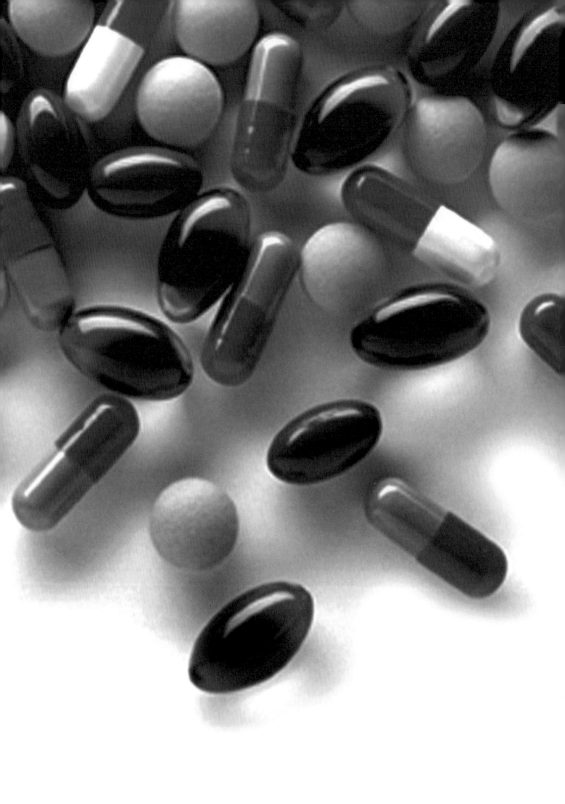

zan el paradigma metodológico de la medicina basada en la evidencia.

Por último y dentro de este capítulo con voluntad de poner las cosas en su sitio, hay que decir que (como ya se ha evidenciado en la industria farmacéutica y en la medicina oficial) ni en la medicina alternativa y complementaria ni en los suplementos nutricionales es oro todo lo que reluce. Como ejemplo y botón de muestra baste citar la retirada de nada menos que 118 productos adelgazantes que se produjo en España en marzo de 2002, tras constatarse en los correspondientes análisis toxicológicos que contenían estimulantes ansiolíticos, anestésicos locales, sustancias dotantes como la efredina y sus derivados, hormonas, antidepresivos ilegales, anfetaminas y un largo etcétera de basura tóxica.

Es evidente que una mayor colaboración entre la medicina alternativa/complementaria y la oficial, la necesaria regulación que nunca llega a estos productos y prácticas, y una mayor transparencia en todos los campos, evitaría estos problemas y redundaría en una mejor salud y calidad de vida de los ciudadanos, que, en el fondo, es lo único que verdaderamente debería preocupar.

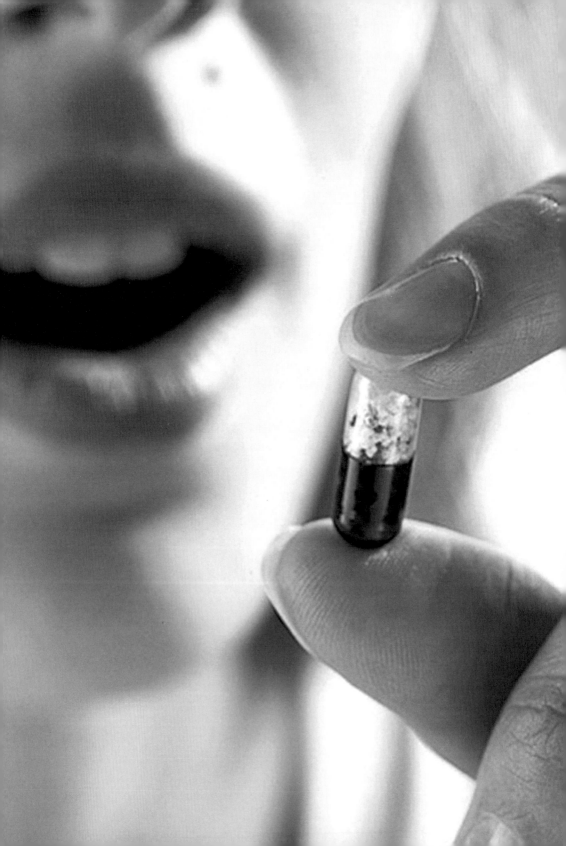

2

SUPLEMENTOS DE SALUD, OPTIMISMO Y VIGOR

¿POR QUÉ HAY QUE TOMAR SUPLEMENTOS?

Básicamente por tres razones, que, por otra parte, habitualmente se combinan: porque a partir de cierta edad decrece bruscamente la producción de determinadas sustancias que fabrica nuestro organismo; porque los alimentos ya no poseen la cantidad de nutrientes que les fueron propios; y porque en las últimas décadas se han modificado sustancialmente los hábitos dietéticos.

Respecto al primer punto, hay poco que explicar. El paso del tiempo, los años van pasando factura y la producción de ciertas sustancias fundamentales, como es la melatonina o la coenzima Q-10, cae en picado. Es necesario entonces proporcionarle una ayuda suplementaria al organismo, aportándole aquello en lo que ha empezado a ser deficitario.

En cuanto a la segunda razón, la evidencia demuestra que la sobreexplotación del suelo agrícola, los cultivos forzados (bajo plástico, hidropónicos, etc), el uso de plaguicidas, pesticidas y abonos químicos, la producción ganadera completamente alejada de la práctica natural (ruptura de los ciclos biológicos y circadianos de los animales, piensos artificiales, tratamiento farmacológico, etc), la contaminación ambiental y otro sinfín de causas, han hecho que los alimentos se hayan ido vaciando de nutrientes, vitaminas y minerales. Así, un kiwi de cultivo forzado e hidropónico no tiene ni una mínima parte de la vitamina C que figura en los manuales y tablas al uso; ni un tomate, por las mismas o similares razones, ofrece el aporte de licopeno que debiera; la yema de un huevo puesto por una gallina internada en una granja sin ciclo día/noche y alimentada con pienso artificial, carece prácticamente de la colina que se le supone; la carne de vacuno ya no aporta el CLA (ácido linoléico conjugado) que tuvo en los tiempos en los que el ganado pastaba en las verdes praderas. Ya en 1998 la Academia Nacional de Ciencias norteamericana constató que la dieta de los estadounidenses no aporta ni las vitaminas ni los nutrientes necesarios para garantizar una buena salud. Otros estudios de amplio calado, realizados en Francia y Holanda, convienen en subrayar que, actualmente, ni tan siquiera una dieta variada y equilibrada de corte mediterráneo suele proporcionar los aportes necesarios de nutrientes fundamentales.

Respecto al último punto, los cambios en los gustos gastronómicos han eliminado de la dieta algunas de las sustancias nutritivas que hace un tiempo estaban cubiertas. Es el caso de la fosfatidilserina (implicada en el buen funcionamiento cerebral, la memoria y las capacidades cognitivas), que antes se incorporaba al organismo a través de los sesos de cordero o de cerdo, que se consumían hasta dos o tres veces por semana y que, poco a poco y con la puntilla final del mal de las vacas locas, fueron desapareciendo de la dieta española; es el caso de los omega-3 (protectores frente a accidentes cardiovasculares, antiinflamatorios, fundamen-

tales en el desarrollo neural del feto y un larguísimo etcétera de saludables beneficios que se verá en el capítulo correspondiente), que no hace tanto se incorporaban habitualmente a la cena de sardinas en lata y que con la prosperidad económica y el nuevorriquismo se han ido dejando a un lado; es el caso, para terminar en algún ejemplo, del magnesio (fundamental para la función normal del calcio y de algunas enzimas imprescindibles para el aprovechamiento de la energía) que contenía el chocolate a la taza que durante siglos y para tantas generaciones de españoles fue desayuno y merienda ideal.

Subcapítulo aparte dentro de este último punto merecería la extraordinaria aceptación popular de la comida preparada y la llamada "comida basura", tan rica en grasas saturadas y trans, auténticas bombas de colesterol; y toda suerte (mala suerte) de conservantes, colorantes, potenciadores de sabor (con el glutamato monosódico a la cabeza), espesantes, y todo un largo rosario de "antes", que, además de no nutrir, suelen hacerles flacos favores a nuestra salud.

De lo que se deduce que para ingerir la suficiente cantidad de nutrientes y sustancias de efectos saludables y terapéuticos, más allá de una dieta variada y equilibrada, que por supuesto y descontado, es preciso recurrir a suplementos nutricionales que los contengan.

¿Por qué los cuarenta?

Los cuarenta siguen siendo una barrera psicológica y mítica, a pesar de que el rápido y progresivo incremento general de la esperanza de vida deberían haber modificado el concepto de "arrabal de senectud" que tuvieron en otro tiempo. Baste considerar que desde el principio de la década de los ochenta del pasado siglo la esperanza de vida de las mujeres y varones españoles se ha incrementado, respectivamente, en 3,2 y 2,4 años y que, en el conjunto de la población, la esperanza de vida ya supera los ochenta años. Dicho de otra forma o con otros datos, a comienzos del siglo XX el número de españoles que alcanzaba los 65 años superaba, ligeramente y cada mes, las 10.000 personas, mientras que a comienzos del siglo XXI la cifra se había multiplicado por tres, dentro de veinte años llegará a 50.000 y en 2040 llegará a 67.000 personas mensuales, lo que arrojará una cifra de 16 millones de individuos, equivalente al 30% de la población total.

¿Y a qué viene tanta cifra y tanto porcentaje?, pues a poner en evidencia que, actualmente, cumplir cuarenta años significa iniciar la segunda parte de la vida. Una segunda parte, por otra parte y valga la redundancia, en la que se han dejado atrás las absolutas dependencias de la infancia, las terribles inseguridades de la adolescencia y las angustias del acné juvenil, los tantísimos despropósitos de la juventud, esa enfermedad que se cura con la edad, los sofocos y sinsabores que acarrean los dubitativos proyectos profesionales y familiares… claro que hay que decir cuanto antes que llegar y atravesar la barrera de los cuarenta, además del componente psicológico, tiene otros componentes, perfectamente tangibles y evaluables, que impiden considerar que se ha llegado al mítico reino de Jauja. El rendimiento físico general empieza a bajar a ojos vistas; la memoria empieza a fallar; los hombres constatan un incremento del perímetro abdominal y una reducción de su volumen capilar y de sus prestaciones sexuales; las mujeres abandonan la edad fértil y empiezan a intuir la eventualidad de la menopausia; las arrugas y flacideces, en unos y otras, aparecen, como por ensalmo, al mirarse al espejo.

En el terreno de lo psicológico, más allá del mito y el rito, llega el momento de hacer balance y de reelaborar oníricamente la propia biografía, sobre la base, siempre de barro y del blando, de lo que pudo haber sido y no fue. Se entra entonces en un proceso de cambios, revisionista y mal elaborado, que lleva a separaciones y divorcios, depresiones y angustias vitales, o saltos en el vacío en un torpe y siempre fallido intento de recuperar el tiempo perdido.

Hoy, llegar a los cuarenta implica tener que tomar una decisión de preferencia lírica: o Dante Alighieri o Ricardo Arjona; clásico contemporáneo.

Dante, en el inicio de la cántiga del infierno de *La Divina Comedia*, escribe: "*Nel mezzo del cammin di nostra vita/ mi ritrovai per una selva oscura,/ ché la diritta via era smarrita*" (A la mitad del camino de la vida yo me encontraba en una selva oscura, con la senda derecha ya perdida). Analicemos, muy someramente por supuesto, texto y pensamiento. La mitad de la vida… ¿cuándo es ese instante?, porque y como se ha visto, además de que ese mojón vital ha ido cambiando aceleradamente de lugar en las últimas décadas, cada caso y cada vida son un mundo irrepetible y único. Respecto al segundo verso, y en la hora incierta del balance, ¿cómo saber si efectivamente estamos en el sendero correcto?; o, dicho más coloquialmente, ¿vivimos en este punto crucial la vida que deseamos, merecemos y queremos?, como se desprende de la filosofía de algunos griegos del siglo IV (ya casi todo estaba entonces inventado), pensemos lo que pensemos y hagamos lo que hagamos, idefectiblemente nos equivocaremos, de manera que démosle una oportunidad al verso contemporáneo.

En una de sus letras más conocidas y celebradas, el cantautor guatemalteco Ricardo Arjona dice. "Señora de las cuatro décadas,/ no intente volver a los treinta/ con esos cuarenta y tantos encima/ usted deja huellas por donde camina".

Al llegar a los cuarenta hay que reírse del viejo y periclitado refrán "De los cuarenta p'arriba no te mojes la barriga" y prepararse para vivir la mejor mitad de nuestra vida. Claro que para eso es imprescindible tomar conciencia de la necesidad de pasar por boxes para repostar combustible, revisar el estado y desgastes de neumáticos y frenos… en definitiva, ponerse a punto y disponerse a reponer todo aquello que empieza a entrar en déficit; algo que, en definitiva y a eso se dispone a entrar este libro que en sus manos tiene, puede lograrse en gran medida incorporando a la dieta cotidiana un puñado de suplementos nutricionales.

3

La Fórmula Almodóvar

La idea de diseñar y brindar una fórmula sencilla y eficaz para abordar con plenas garantías el reto de iniciar una segunda vida, me la sugirió, además de, como es preceptivo, mi editor y sin embargo amigo, Santos Rodriguez, uno de los libros de éxito editorial y placer de lectura que hace poco tiempo llegó a mis manos: *The Sinatra Solution*, del cardiólogo norteamericano Stephen T. Sinatra. En esta obra, el autor, tras años de experiencia, estudios y contraste con otras investigaciones, sugiere, desde una aproximación nutricional, una sencilla fórmula para prevenir y tratar problemas cardíacos, mediante la incorporación a la dieta cotidiana de tres suplementos: Q-10 (coenzima y nutriente esencial para el correcto funcionamiento de las células, de la que se hablará más adelante en extenso), L-Carnitina (sustancia bastante análoga a las vitaminas y que se asemeja a los

D-Ribosa
EL LADRILLO ENERGÉTICO

La D-Ribosa es un hidrato de carbono; un azúcar, que toma parte activa en diversos procesos de obtención de energía a nivel celular, especialmente en el tejido muscular, y que está considerado como el gran precursor de la síntesis del Adenosin trifosfato (ATP). En definitiva, es, y en definición de Ludwig Jonson, el ladrillo con el que se construye ATP o la molécula de la energía, y que si bien en condiciones normales siempre es suficiente, en situaciones de estrés, enfermedad, intensa actividad física o sencillamente como consecuencia de la edad, decrece considerablemente, por lo que conviene suplementarlo. Independientemente de su utilidad específica en este caso como protector del sistema cardiovascular gracias a su efecto oxigenador, su uso está recomendado en todos los casos de cansancio ocasional o fatiga. Por citar un solo ejemplo, un experimento del Dr. Teitelbaum, director del Centro de Investigación de Terapias Efectivas para Síndrome de Fatiga Crónica, en Annapolis, Maryland, USA, demostró que con un tratamiento de 28 días con 5 gramos diarios de D-Ribosa el 68% los pacientes afectados de fatiga crónica mejoraban sus síntomas de manera perceptible e incrementaban sus puntuaciones en un cuestionario sobre calidad de vida en un 25%.

aminoácidos, y de cuyas propiedades y funciones se hablará también en un capítulo específico) y D-Ribosa. La combinación sinérgica de estos tres suplementos maximiza la cantidad de oxígeno que el corazón puede extraer del flujo sanguíneo, acelerando la actividad de las células en su trascendental función de convertir los nutrientes en energía. Esta imaginativa y a la vez elemental fórmula, testada con éxito por centenares de cardiólogos de todo el mundo ha cambiado la vida de millares de pacientes tras un accidente cardiovascular y con toda seguridad evitado que tantos otros llegaran a padecerlo.

Con toda humildad y salvando las insalvables distancias, en esa misma línea pretende orientarse este libro.

Fundamentalmente, va dirigido a personas que, sin padecer una enfermedad concreta, han empezado a notar o al menos presienten como cercanos los inevitables deterioros de la edad y los años, al haber franqueado (o estar a punto de hacerlo) esa barrera, entre real y psicológica, que es la cuarentena.

En España hay unos ocho millones de personas entre los 40 y los 60 años y otros tantos a partir de esa edad. Algunos de ellos todavía se enfrascan en el debate existencial, añejo y tramposo donde los haya, de entre aferrarse a la juventud o tirar la toalla. Ni una cosa ni la otra. Pretender vivir en una edad que ya pasó sólo conduce al fracaso y con frecuencia al ridículo; resignarse y ponerse en actitud negativa frente a la realidad, precipita el deterioro físico y psicológico. Hay que prepararse para vivir en todo su enorme potencial la segunda etapa de la vida, y para ello es imprescindible aportarle al organismo aquello en lo que empieza a ser deficitario.

Incorporar a la dieta cotidiana los suplementos que en este libro se proponen les proporcionará salud, vigor y ganas de vivir; les ayudará a dormir mejor y que el sueño sea fisiológico y verdaderamente reparador; les mantendrá la memoria fresca y vivos los deseos y la potencia sexual; les mejorará el estado de su piel… en definitiva, les proporcionará todas las herramientas necesarias para empezar a construir con éxito el proyecto de la segunda etapa de su vida en plenitud y optimismo.

LA FÓRMULA

De una vez se las propongo, en cuadro aparte y en letras grandes: consiste en tomar diez suplementos fundamentales que he decidido ordenar alfabéticamente, al considerar que las preferencias y necesidades dependerán de cada persona en concreto. Son éstos: **DHEA** (para sentirse bien y alejar los fantasmas depresivos, ralentizar y minimizar los efectos del envejecimiento y mantenerse en plena forma), aunque hay que decir que, aunque en Estados Unidos se comercializa como suplemento dietético, en España está prohibida su venta; **Fosfaditilserina** (para conservar y mejorar la memoria, y evitar el deterioro mental); **L- Arginina** (para prevenir la hipertensión, mejorar la potencia sexual de los varones y combatir las varices habituales en mujeres de cierta edad), **L- Carnitina** (para mejorar el rendimiento físico y adelgazar); **Melatonina** (para combatir el insomnio y evitar los trastornos del sueño, haciendo que éste sea más fisiológico y reparador), de la que conviene aclarar que en España solo se vende en oficinas de farmacia, como medicamento y con receta; **Omega-3** (para mantener en plena forma el aparato cardiocirculatorio, evitar accidentes cardiovasculares y aliviar los dolores reumáticos); **Propóleo** (para evitar resfriados y otros problemas de las vías respiratorias); **Q-10** (para aumentar la energía vital, perder peso de forma natural y envejecer mejor y más lentamente); **Triptófano** (para mantenerse tranquilo y feliz, y combatir la agresividad derivada de la tensión nerviosa y la ansiedad); y **Uña de gato** (para mantener en alerta y perfecto estado de revista al sistema inmunitario).

A estos diez suplementos, formales por así decirlo, creo que es imprescindible añadir otros dos, el agua y el vino (más las otras bebidas alcohólicas fermentadas, cerveza, sidra y cava), y un intangible que es el ejercicio físico diario. Será al final y como epílogo en forma de brindis y ¡a su salud!

FÓRMULAS ALMODOVAR ESPECÍFICAS

CONTRA EL ENVEJECIMIENTO

La fórmula contra el envejecimiento general del organismo podría consistir en una suplementación diaria de 1,5 g. de ácidos grasos **Omega-3**, que deberían tomarse en ayunas; 60 mg. de **Q-10***, después del desayuno; 300 mg. de **Fosfatidilserina**, en tres tomas de 100 mg. cada una, repartidas en desayuno, comida y cena; 20 mg. de **DHEA** a media mañana; y 3 mg. de **Melatonina**, una hora antes de acostarse.

PARA MEJORAR LA MEMORIA Y LAS HABILIDADESCOGNITIVAS

Para conseguir este objetivo, sin duda trascendental a partir de los cuarenta, una indicación interesante sería recurrir a tres tomas de 100 mg. de **Fosfatidilserina**, en desayuno, comida y cena; 1g. de **L-Carnitina** en ayunas y 1 g. media hora antes de la comida; 30 mg. de **DHEA** a media mañana.

PARA ADELGAZAR SALUDABLEMENTE

Una interesantísima fórmula para adelgazar perdiendo grasa y no agua y músculo, como sucede con la dietas hipocalóricas al uso, y que consiste en tomar 1 g. de **L-Carnitina** media hora antes de hacer ejercicio (por ejemplo, unos veinte minutos de bici estática o cuarenta y cinco minutos de marcha rápida) y 1 g. diez minutos antes de la comida y de la cena; 60 mg. de **Q-10** después de hacer ejercicio; 30 mg. de **DHEA** a media mañana y otros 30 mg. a media tarde.

Para prevenir y combatir catarros y gripes

En invierno o temporadas de mayor riesgo, conviene seguir una suplementación de 300 mg. de **Uña de gato**, en desayuno, comida y cena; y 1 g. de **Propóleo** en el desayuno y 500 mg. en la comida.

Contra el cansancio y la fatiga

Tanto en los estados de decaimiento físico, cansancio ocasional o fatiga cronificada, la fórmula que se recomienda es, al empezar el día, y después del desayuno, 60 mg. de **Q-10**; y 30 mg. de **DHEA** a media mañana; 1g. de **L-Carnitina** antes de hacer ejercicio, que debe ser suave pero diario.

Para incrementar la energía sexual

La propuesta de mejora del deseo y las prestaciones sexuales incluye dos tomas, antes del desayuno y cena, de 1 g. de **Omega 3**; 20 mg. de **DHEA** a media mañana; 1 g. de **L-Arginina** tres veces al día, en desayuno comida y cena.

Contra los estados de ansiedad

Frente a situaciones de ansiedad generalizada, trastornos de ansiedad secundaria y otros problemas de ansiedad, una fórmula que seguramente va a funcionar es tomar, antes de la comida y a media tarde, un suplemento de 1 g. de **Triptófano** (en su presentación 5-Http).

PARA BAJAR EL COLESTEROL

Tanto para bajar el colesterol total, como para subir los niveles del llamado colesterol "bueno" o HDL, conviene hacer dos tomas, antes del desayuno y cena, de 1 g. de **Omega 3**; más 1g. de **L-Carnitina**, en el desayuno y otro media hora antes de comer.

PARA PREVENIR Y TRATAR PROBLEMAS PERIODONTALES

Los problemas periodontales, que empiezan con gingivitis y frecuentemente evolucionan hacia la forma más grave, periodontitis o piorrea, que suele ser la causa fundamental, a partir de cierta edad, de la pérdida de piezas dentales, además de con la oportuna higiene diaria y un par de visitas anuales al dentista, puede tratarse eficazmente con una fórmula tan sencilla como tomar 60 mg. de **Q-10**, después del desayuno.

PARA PREVENIR LA HIPERTENSIÓN O BAJAR LA TENSIÓN ARTERIAL ALTA

La tensión alta o descompensada, afección tan común en personas de cierta edad, se puede controlar y modificar en positivo con la administración de dos tomas, antes del desayuno y cena, de 1 g. de **Omega 3**; más 60 mg. de **Q-10***, después del desayuno.

* Nota: En todos los casos en que se recomienda Q-10, una alternativa interesante es tomar dosis alternas (día si/día no) de la presentación de 120 mg. que ofrecen algunos laboratorios (en España, Savinco).

SON TODOS LOS QUE ESTÁN...

Pero, como reza y termina la frase hecha, no están todos los que son. El haber sintetizado en diez los suplementos nutricionales que, a nuestro parecer, resultan de todo punto esenciales para mantener salud, vigor y el optimismo vital a partir de los cuarenta, ha dejado fuera del listado otros muchos interesantes productos, que, aún a pesar de su potencial salutífero o terapéutico, han debido quedar necesariamente fuera del alcance y pretensiones que delimitan las fronteras de este libro. No obstante, aunque de forma somera y en trazo inevitablemente grueso, hay que dejar constancia aquí de la existencia de algunos de ellos y de sus potenciales efectos.

El **Ácido Linoleico Conjugago** (CLA), que además de cómo suplemento, se comercializa en España como reforzador de algunos alimentos (con el nombre comercial de *Tonalín*), actúa acelerando el metabolismo de las grasas (siempre que se produzca un estímulo anabólico, es decir, ejercicio anaeróbico), evitando de esta forma el depósito de ácidos grasos en las células y provocando el aumento de masa muscular. Además es un eficaz antioxidante, ayuda a prevenir ciertos tipos de cáncer y enfermedades cardiacas y estimula la función inmunológica.

El zumo de **Aloe Vera** es muy útil en el tratamiento de todo tipo de alteraciones digestivas y potencial anticancerígeno.

El **Cartílago de tiburón** ha demostrado su benéfica acción en el tratamiento de todo tipo de osteoartrosis y artrosis (artrosis digitales, gonartrosis, coxartrosis, espondoliosis, artrosis menopáusica) y en los procesos inflamatorios y dolorosos a nivel del cartílago, como analgésico y anttinflamatorio. En España se comercializa un interesante producto, *Coral Cart*, que añade al cartílago calcio procedente de coral marino de Okinawa, asimilable por el organismo en alrededor de un 70%.

En esta misma línea hay que situar a la **Glucosamina**, un amino-sacárido, constituido en alrededor de un 50% por el afamado ácido hialurónico, es muy interesante en le tratamiento de la osteoartritis y las articulaciones articulares producidas por la edad, que empiezan a manifestarse alrededor de los cuarenta.

El extracto de la planta **Garcinia Cambogia** (también conocida como Malabar Tamarind o Goraka), el ácido (-) hidroxícítrico o HCA, es eficaz en los programas de control de peso, como supresor del apetito y de la ingesta de alimentos. Además, inhibe la lipogénesis, el proceso en el que el organismo produce y almacena los ácidos grasos y el colesterol.

El extracto líquido obtenido de las hojas secas del **Ginkgo biloba** mejora la circulación sanguínea y en consecuencia actúa positivamente sobre la memoria, el cansancio, la depresión, la ansiedad y el dolor muscular.

La **Glutamina**, aminoácido no esencial, resulta de gran utilidad en los periodos de intenso estrés.

La **Lecitina**, producto orgánico obtenido a partir de la soja, favorece la digestión de las grasas, mejora la elasticidad de las arterias, desintoxica el hígado y los riñones, refuerza el sistema nervioso y ejerce una acción positiva sobre el control del peso corporal.

La **L-Glutamina**, componente de la glutationa, el aminoácido más importante del cuerpo humano, mejora la memoria, ayuda a eliminar la apetencia de bebidas alcohólicas y azúcar, y previene la degeneración muscular en personas de edad.

El **MSM** o Metilsulfonilmetano (compuesto azufrado de los alimentos) se utiliza para revertir los procesos dolorosos a nivel muscular y articular, mejorar la salud del cabello y las uñas, y acelera la curación de heridas y quemaduras.

La **N-Acetilcisteína** (NAC) es un aminoácido azufrado que ayuda a reparar los daños del tabaquismo, previene enfermedades respiratorias y fortalece la función inmunológica.

Los **Probióticos**, bacterias beneficiosas que normalmente habitan el intestino delgado y grueso, ayudan a la digestión y absorción de los nutrientes, y protegen al organismo de infecciones.

El extracto de la baya de la planta conocida como **Saw Palmeto**, además de remedio contra la cistitis producida por un exceso en la actividad sexual, se utiliza hoy para el tratamiento de la hiperplasia benigna de próstata, dolencia muy común en los varones a partir de los cincuenta años.

La **Taurina**, aminoácido esencial condicionado, es muy útil en el proceso de la diabetes tipo 2, puesto que es un "imitador" de la insulina y tiene un efecto hipoglucémico (disminuye los niveles de glucosa en sangre), al tiempo que regula la presión arterial y fortalece el músculo cardiaco.

Por último, aunque se podría seguir citando algún que otro interesante suplemento, la **Tiroxina**, aminoácido no esencial, constituye una muy interesante y natural (sin efectos secundarios) alternativa a los fármacos antidepresivos.

4

DHEA

Dehidroepiandrosterona; Dehidroepiandrosterona,
5-androsteno-3 ß-ol-17-ona

APUESTA POR EL BIENESTAR Y GUERRA SIN CUARTEL AL ENVEJECIMIENTO

La DHEA se vende en Estados Unidos como suplemento dietético y como fármaco en Francia, Holanda, Suecia, Italia, Reino Unido, Andorra. En España está prohibida su venta.

PROPIEDADES

1. Antiestrés y protectora del sistema inmunitario
2. Antidepresivo natural
3. Protector de la memoria y la capacidades mentales
4. Saludable adelgazante
5. Anticancerígeno

¿QUÉ SON LAS HORMONAS?

Las hormonas son sustancias químicas fabricadas por las glándulas endocrinas (glándula pineal, hipotálamo, pituitaria, tiroides, paratiroides, timo, páncreas, mucosa intestinal, suprarrenales, riñones, testículos en los hombres y ovarios en las mujeres), que en conjunto forman el llamado sistema endocrino. Al ser segregadas a la sangre u otros fluidos corporales, las hormonas actúan como mensajeros químicos, activando diversos mecanismos corporales y poniendo en funcionamiento los órganos, para la realización de funciones tan diversas como el crecimiento, desarrollo, conformación corporal, tonalidad de la voz, sueño, apetito, actividad sexual, memoria o estado de ánimo.

UN PRECURSOR HORMONAL

La dehidroepiandrosterona o DHEA es una hormona esteroide endógena que se segrega a través de las glándulas suprarrenales (aunque en mucho menor cantidad, también por el cerebro y la piel) y que funciona como precursor de las hormonas sexuales masculinas y femeninas. Más de la mitad de las hormonas masculinas o andrógenos son derivadas de la DHEA, mientras que en la mujer ese porcentaje se eleva al 70% antes de la menopausia y al 100% después de la menopausia.

Al nacer, las cantidades de DHEA en el organismo son enormes, pero la producción cesa por completo a partir de los primeros días de vida y no se reanuda hasta los seis u ocho años de edad. A partir de ese momento los niveles de esta hormona van aumentando a un ritmo estable hasta alcanzar su cenit alrededor de los veinte años, y a partir de esa edad el ritmo de producción decae a un ritmo del dos por ciento anual. En definitiva, a partir de los 30 años, los niveles de DHEA en el organismo empiezan a disminuir considerablemente y de ahí su interés como suplemento (sintetizado en laboratorio a partir del extracto de ñame silvestre) a usar a partir de los cuarenta.

DE FIGURANTE A GRAN PROTAGONISTA

Aunque la DHEA se conocía desde los inicios de la década de los treinta del pasado siglo, hasta principios de los ochenta se la consideró una hormona de poca importancia, ya que se desconocía el importante papel que representa en el funcionamiento del organismo humano.

Fue aislada por primera vez en 1939 y a partir de la orina humana, por el Dr. Adolf Buternandt, quien obtendría el Nobel de química en 1939. La forma sulfatada fue aislada en la sangre humana en 1854 por los investigadores Migeon y Plager, y cuatro años después el profesor Fernand logó demostrar que la DHEA disminuye de forma linear y progresivamente con la edad, tanto en hombres como en mujeres. Uno de los discípulos de este último, Étienne-Émile Baulieu, aunque más conocido científicamente por su puesta a punto de la píldora abortiva o "píldora del día después", RU-486, quien diera otro paso adelante en el conocimiento de la DHEA al probar que se sintetizaba en las cápsulas suprarrenales, en forma de sulfato de dehidroepiandrosterona (DHEA-S), lo que dio lugar a la confirmación de la transformación metabólica de DHEA en andrógenos y estrógenos.

El gran salto a la fama de la DHEA se produce en 1979, durante la Conferencia Gordon sobre el envejecimiento, que se celebra en Santa Barbara, California. Allí, el profesor Arthur Schwartz de la Universidad de Temple, Filadelfia, expone sus investigaciones en torno al efecto anticancerígeno de la DHEA y pone en evidencia que en sus experimentos con ratones la hormona había reducido la incidencia de la enfermedad entre un 75% y un 100%. Schwartz también aportó los resultados de las investigaciones llevadas a cabo por el Dr. Terence T. Yen, por entonces adscrito al departamento de investigación de la multinacional farmacéutica Eli Lilly, en los que se evidenciaba que ratones de un linaje programado para ser obeso, permanecían delgados y vivían mucho más tiempo, al ser tratados con DHEA.

La exposición de Schwartz hace que las investigaciones sobre DHEA se disparen en número y profundidad de análisis. Uno de los primeros que se suman con entusiasmo al proyecto es el Dr. William Regelson, oncólogo y gerontólogo de la Universidad de Virginia, ya conocido por sus trabajos sobre Melatonina, y en 1990, junto a su colega el Dr. Mohammed Kalimi, realiza una compilación de trabajos llevados a cabo hasta el momento en una obra monumental de veinticinco capítulos, titulada *The Biological Role of Dehydroepiandrosterone (DHEA)*.

En 1994 el profesor Samuel Yen, de la Universidad de San Diego, California, aporta los primeros esperanzadores resultados que confirma a la DHEA como un ralentizador de la vejez. Un año después, el profesor Alex Vermeulen, durante la primera conferencia internacional sobre DHEA y envejecimiento, organizada por la Academia de Ciencias de Nueva York, sostiene que, según su experiencia, esta hormona actúa positivamente sobre el bienestar general, las reacciones a la vacunación, la memoria y la ateroesclerosis. Esta conferencia, además de su importante trascendencia científica, se convierte en un verdadero acontecimiento mediático. La cadena televisiva CBS dedica uno de sus programas de mayor impacto, *Eye to eye*, a la DHEA e ilustra el reportaje con imágenes de la película *Cocoon*, en la que un grupo de ancianos recupera el vigor juvenil (aunque en la historia original el "milagro" es de origen extraterrestre), los prestigiosos diarios *Washington Post* y *New York Times*, junto a las revistas *Newsweek* y *Time*, le dedican varios artículos a la esperanzadora sustancia. En 1996, el Dr. Ferdinand Labrie, del hospital de Laval, de Québec, Canadá, añadía más expectativas cuando dio a conocer sus experimentos sobre el aumento de densidad ósea en pacientes afectados de osteoporosis.

El boom de la DHEA estaba ya servido y desde entonces se han publicado más de cuatro mil informes, ensayos y artículos sobre los potenciales de esta hormona, en campos tan diversos como la prolongación de la vida, depresión, la obesidad, la memoria, el cáncer, la ateroesclerosis, la diabetes, la fatiga crónica, el desarrollo muscular, la libido, la gota, la hipertensión, las enfermedades de la piel, el estrés, el crecimiento del pelo, el embarazo, la cicatrización de quemaduras o la hipertensión.

FRENO A LOS DAÑOS DERIVADOS DEL ESTRÉS Y PROTECTORA DEL SISTEMA INMUNITARIO

Desde hace tiempo se conoce el enorme y dañino efecto que el estrés provoca en el sistema natural de defensa del organismo. Distintos experimentos han puesto de manifiesto que personas sometidas a una situación de intenso estrés ven reducida la actividad de sus células NK (*natural killer* en inglés o células exterminadoras) hasta en un 75%. Si tenemos en cuenta que estas células NK son la principal línea de defensa del organismo ante resfriados, gripe, otras infecciones virales, alergias e incluso la aparición del cáncer, es fácil imaginar a qué y a cuantos graves problemas puede avocar este estado anímico.

A medida que pasan los años y la barrera de los cuarenta se aproxima, al organismo le empieza a resultar más y más difícil liberarse de las hormonas que provocan el estrés y éstas permanecen en el torrente sanguíneo aún cuando la situación que lo provocó haya desaparecido. Se ha comprobado que la DHEA representa un papel protagonista en este proceso, hasta el punto de que cuando una persona joven y en perfecto estado de salud se ve sometida a un estrés considerable, sus niveles de DHEA bajan dramáticamente hasta los que corresponderían a una persona anciana.

Se ha comprobado que la suplementación con DHEA puede amortiguar eficazmente los efectos del estrés ocasional y crónico, con lo que resultaría de gran ayuda a la hora de prevenir todo el sinnúmero de enfermedades relacionadas con tal estado y a la vez proteger el sistema inmunitario. De especial interés son las investigaciones que relacionan la suplementación de DHEA con la ralentización de la contracción del timo, típica de la edad avanzada e implicada en el deterioro y envejecimiento general del organismo y la mayor vulnerabilidad ante toda suerte de dolencias y enfermedades.

Eficaz frente a los estados depresivos y la depresión crónica

La depresión, tanto ocasional como crónica, puede tener diversos orígenes (drama familiar o personal, estrés, alcoholismo, hipoglucemia, adicción a las drogas, desequilibrios hormonales, etc.) y con frecuencia varios de ellos pueden estar encardinados. Los medicamentos que habitualmente se utilizan para combatir la depresión, los antidepresivos, independientemente de su mayor o menor eficacia, además de provocar numerosos efectos secundarios (sequedad de boca, dificultades en la micción, disminución de la libido, somnolencia y amodorramiento diurno, mareos, dolor de cabeza, dificultades de movimiento y coordinación, etc.), y crear adicción, se basan en un enfoque estrictamente bioquímico (tratar los síntomas con sustancias que restituyan al organismo el equilibrio perdido), dejando a un lado el componente de tristeza y desaliento que casi siempre constituye el fundamento de la depresión, por lo que, para enfocar correctamente el problema, además de apoyarse en tratamientos psicoterapéuticos, convendría recurrir en lo posible a sustancias naturales, como las vitaminas B1 y B6, los aminoácidos tirosina y fenilamina, el hipérico o hierba de San Juan (*Hypericum perforatum*) o, como aquí viene al caso, con DHEA.

Desde los años ochenta del pasado siglo se conoce la relación entre el estado de ánimo, las facultades mentales y los niveles de DHEA. En 1990 el profesor G. D. Tollefson y su equipo comprobaron que los niveles de esta hormona en personas afectadas por depresión eran anormalmente bajos, y desde entonces numerosas investigaciones han evidenciado similares resultados.

En 1996 el Dr. Ray Sahelian publicó el libro *DHEA a Practical Guide*, en el que entrevistaba a los veinte científicos más importantes del mundo en trabajos con DHEA. Todos llevaban tratando miles de pacientes deprimidos y depresivos durante más de diez años y todos coincidían en afirmar que la terapia de restitución con DHEA genera notables mejorías en el estado de ánimo y en la sensación de bienestar general. Desde entonces, un importante número de investigaciones y estudios sigue corroborando que la suplementación con DHEA favorece una evolución positiva del estado de ánimo y mejora el estado general de las personas deprimidas o con tendencias depresivas.

ACTIVADOR DE LA MEMORIA Y POTENCIADOR DE LAS FACULTADES COGNITIVAS

Uno de los primeros y más perceptibles síntomas de envejecimiento es la pérdida de memoria. Hasta hace no mucho se creía que a partir de cierta edad las células cerebrales no podían regenerarse y crear nuevas conexiones, directamente responsables de la memoria. Sin embargo hoy se sabe que no es así y que existe una sustancia, la DHEA, que puede estimular el crecimiento de las terminaciones nerviosas que conectan unas células con otras y que transmiten información.

A partir de los años noventa se empezaron a verificar los efectos de DHEA en ratones (Eugene Roberts, del Hospital de la Esperanza de California; James Flood, de la Universidad de St. Louis, Missouri, y otros) y constatar el crecimiento de las células nerviosas, el desarrollo de sus conexiones y el incremento general de las capacidades memorísticas. Uno de los pioneros en ensayos con humanos fue el Dr. Owen Wolkowitz, de la Universidad de San Francisco, California, quien administrando DHEA a sus pacientes comprobó la mejoría notable de su memoria, especialmente en todos aquellos aspectos relacionados con la memoria incidental y memoria semántica.

Perder peso perdiendo grasa

La DHEA se ha revelado como un magnífico recurso a la hora de perder peso de manera saludable; es decir, perdiendo grasa. La mayoría de las dietas "milagro" (especialmente las monodietas y las que reducen drásticamente la ingesta calórica), que garantizan una pérdida de peso en tiempo record, lo que consiguen es rebajar agua y músculo, sin que los niveles de grasa se vean alterados en lo más mínimo. Por otra parte, al perder masa muscular se hace mucho más difícil eliminar la grasa, ya que éste es uno de los combustibles que utilizan los músculos para obtener energía. Tras una dieta drástica, cuando pasa algún tiempo y por la acción de la lipoproteína lipasa (LPL), se recupera el peso y además se conforma una composición corporal con menor cantidad de músculo y mayor porcentaje de grasa.

Son muchos los estudios que sobre la acción de la DHEA se han realizado en animales (ratones y perros) y algunos, muchos menos lógicamente, en humanos, y en todos ellos se ha constatado que la suplementación con esta hormona reduce significativamente el peso corporal y, lo que es más importante, lo hace disminuyendo los depósitos de grasa.

Uno de los estudios en humanos más esclarecedores fue el realizado por los investigadores Villarreal y Holloszy, de la Universidad de Washington, USA, y publicado en *The Journal of the American Medical Association* a finales de 2004. Un grupo de hombres y mujeres de entre 65 a 78 años, con iguales características de sobrepeso y acumulo de grasa localizado en la cintura, fue sometido, durante seis meses, a un experimento con DHEA y placebo. Finalmente, las mujeres tratadas con DHEA lograron una reducción de grasa visceral de un 10,2%, y los hombres de un 7,4%.

Aunque la eficacia de la DHEA para combatir el sobrepeso y la obesidad está fuera de duda, no se conoce exactamente el mecanismo de actuación de la hormona. No obstante, se apuntan varias vías de acción. En primer lugar, la DHEA aumenta la eficacia de la

LA VENGANZA DE LA LPL

Lo mismo que coloquialmente se habla de "venganza de Moctezuma" para referirse a los padecimientos diarréicos de los turistas que visitan Centroamérica, podría hablarse de la venganza de la lipoproteína lipasa (LPL) en aquellas personas que optan por adelgazar dejando de comer y recurriendo a fórmulas milagrosas. La LPL es uno de los mecanismos de supervivencia que el hombre actual ha heredado de sus ancestros prehistóricos. Cuando se empieza una dieta hipocalórica, reduciendo bruscamente la ingesta de nutrientes esenciales, el organismo entiende que comienza una etapa de gran escasez de alimento, la LPL se activa y empieza a almacenar grasa desesperadamente. El verdadero problema es que, una vez que se da por concluida la dieta, la LPL permanece activada durante más de medio año, con lo cual el almacenamiento de grasa se hace mucho más efectivo. Así, las dietas drásticas de adelgazamiento; las dietas "milagro", son, en realidad y puridad, dietas de engorde masivo.

insulina, de manera que tras la digestión, las células musculares asimilan rápidamente la glucosa y ésta no permanece en el torrente sanguíneo para terminar almacenada una vez convertida en grasa. Por otra parte, la DHEA aumenta los niveles de serotonina y así se libera la colecistoquinina, que reduce el apetito y provoca sensación de saciedad. Además, la DHEA aumenta la actividad mitocondrial, y así se quema mejor la glucosa o la grasa para obtener energía. En cuarto lugar, parece que la DHEA bloquea la acción de la enzima G6FDH, implicada en los metabolismos de la glucosa y la grasa. Por último, todo apunta a que la DHEA bloquea la acción de los ácidos grasos que posteriormente se almacenan en las células adiposas.

UN INTERESANTE PROTECTOR FRENTE AL CÁNCER

Ya hace casi treinta años que comenzaron los experimentos con DHEA como herramienta frente al cáncer y desde entonces un buen número de experiencias científicas acumulan numerosas evidencias sobre su efectividad como inhibidor de los tumores de hígado (Simile, 1995), tiroides (Moore, 1986), mama (Schwartz, 1979), pulmón (Schwartz, 1991), colón (Nyce, 1984), piel (Pashko), y tejido linfático (Hursting, 1995).

Hoy se tiene la certidumbre de que la mayoría de los cánceres están relacionados con niveles muy bajos de DHEA y todo parece indicar que la hormona actúa como inhibidor del desarrollo tumoral al bloquear los enlaces metabólicos que se precisan para su formación y desarrollo.

INVESTIGACIONES EN MARCHA Y ESPERANZAS DE FUTURO

Enfermedad de Addison

Distintas investigaciones apuntan la posibilidad de que la suplementación con DHEA podría ser una alternativa en la enfermedad de Addison, una afección autoinmune causada por la destrucción del envolvente de las cápsulas suprarrenales, que conlleva una reducción significativa en la secreción de hormonas tiroideas, que presenta como síntomas la pérdida de peso, anemia, debilidad general, baja tensión sanguínea, trastornos digestivos y oscurecimiento en la pigmentación de la piel.

Lupus eritematoso

El Lupus eritematoso sistémico (LES) es una enfermedad autoinmune. Esto quiere decir que algunas células especializadas en atacar virus, bacterias y otros agresores externos del organismo, se alteran y atacan tejidos del propio cuerpo, como la médula ósea, el tejido conjuntivo y órganos como el corazón, el cerebro o el hígado. Aunque actualmente el Lupus no tiene cura, distintas investigaciones con DHEA abren una esperanza al tratamiento efectivo y sin los efectos secundarios que, por ejemplo, presentan los corticosteroides (sobre todo osteoporosis prematura).

Artritis reumatoide

Por su capacidades para incrementar la acción de factores inmunológicos CD-4, CD-8.IL-2 y IL-4, se apunta a la DHEA como un interesante tratamiento contra al artritis.

Diabetes

Investigaciones realizadas en la Universidad de Virginia han evidenciado que los altos niveles de insulina que empiezan a aparecer con los años, afectan negativamente a los niveles de DHEA. Aunque hasta ahora sólo se han realizado estudios muy limitados y parciales, todo parece indicar que la DHEA tiene un gran potencial para minimizar los efectos de la diabetes tipo 2 ligada a la edad.

Aumento de la libido

En un estudio muy conocido sobre el envejecimiento masculino realizado en la Universidad de Massachusetts, se demostró que los riesgos de disfunción eréctil e impotencia, que empiezan a aparecer alrededor de los cuarenta años, se multiplican por tres con cada década que se van cumpliendo y que esto está relacionado con los bajos niveles de DHEA. Varios experimentos con DHEA han presentado resultados ambivalentes, ya que mientras algunos individuos incrementaban su libido otros no reaccionaban positivamente al tratamiento. También se logró mejorar la libido femenina, aunque en mucha menor medida, debido, probablemente, a que el deseo sexual no decrece tan rápidamente en las mujeres a partir de cierta edad.

Menopausia

Varias investigaciones hacen concebir esperanzas respecto al tratamiento con DHEA de los síntomas inherentes a la menopausia. Un trabajo llevado a cabo en la Universidad Laval de Montreal, Canadá, demostró que las mujeres menopaúsicas tratadas con DHEA constataron cómo se reducían sus niveles de insulina, glucosa y de grasa corporal, al tiempo que aumentaba la masa muscular y la densidad ósea, remitía la atrofia vaginal y se aliviaban diversas molestias.

Deficiencias de DHEA

Se han observado déficits significativos de DHEA en pacientes con anorexia, enfermedades renales severas y diabetes tipo 2.

Efectos secundarios y contraindicaciones

En dosis muy elevadas y en mujeres puede producir acné, vello facial, irritabilidad y alteraciones menstruales; en hombres, acné y ligero crecimiento del pecho.

Como precaución elemental, las embarazadas no deben tomar DHEA.

Interacción con medicamentos

Ya que la DHEA mejora sensiblemente el estado de ánimo, si se están tomando medicamentos antidepresivos, conviene consultar con el especialista.

Dosis diaria recomendada

Normalmente, los especialistas empiezan recomendando entre 10 mg. y 25 mg. de DHEA al día y van viendo como evolucionan sus efectos. La opinión de los expertos es que una dosis de 50 mg. diarios no produce daño alguno y sí efectos positivos varios. A partir de los cuarenta años las dosis consideradas óptimas son de 15 mg. a 25 mg. diarios en mujeres y entre 25 mg. y 50 mg. en hombres.

REFERENCIAS

Finckh A, Berner IC, Aubry-Rozier B, et al. A randomized controlled trial of dehydroepiandrosterone in postmenopausal women with fibromyalgia.J Rheumatol. 2005 Jul;32(7):1336-40.

Johannsson G, Burman P, Wiren L, et al. A. Low dose dehydroepiandrosterone affects behavior in hypopituitary androgen-deficient women: a placebo-controlled trial. J Clin Endocrinol Metab 2002;87(5):2046-2052.

Nachshoni T, Ebert T, Abramovitch Y, et al. Improvement of extrapyramidal symptoms following dehydroepiandrosterone (DHEA) administration in antipsychotic treated schizophrenia patients: a randomized, double-blind placebo controlled trial.Schizophr Res. 2005 Nov 15;79(2-3):251-6.

Parsons TD, Kratz KM, Thompson E, et al. Dhea supplementation and cognition in postmenopausal women.Int J Neurosci. 2006 Feb;116 (2):141-55.

Pillemer SR, Brennan MT, Sankar V, et al. Pilot clinical trial of dehydroepiandrosterone (DHEA) versus placebo for Sjogren's syndrome. Arthritis Rheum. 8-15-2004;51(4):601-604.

Rabkin JG, McElhiney MC, Rabkin R, et al. Placebo-controlled trial of dehydroepiandrosterone (DHEA) for treatment of nonmajor depression in patients with HIV/AIDS. Am J Psychiatry. 2006 Jan;163(1):59-66.

Shoptaw S, Majewska MD, Wilkins J, et al. Participants receiving dehydroepiandrosterone during treatment for cocaine dependence show high rates of cocaine use in a placebo-controlled pilot study. Exp.Clin.Psychopharmacol. 2004; 12(2):126-135.

Strous RD, Maayan R, Lapidus R, et al. Dehydroepiandrosterone augmentation in the management of negative, depressive, and anxiety symptoms in schizophrenia. Arch Gen Psychiatry 2003;60(2):133-141.

Sugino M, Ohsawa N, Ito T, et al. A pilot study of dehydroepiandrosterone sulfate in myotonic dystrophy. Neurology 1998;51(2):586-589.

Vakina TN, Shutov AM, Shalina SV, et al. [Dehydroepiandrosterone and sexual function in men with chronic prostatitis]. Urologiia. 2003; (1):49-52.

Van Vollenhoven RF, Park JL, Genovese MC, et al. A double-blind, placebo-controlled, clinical trial of dehydroepiandrosterone in severe systemic lupus erythematosus. Lupus 1999;8(3):181-187.

Villareal DT, Holloszy JO, Kohrt WM. Effects of DHEA replacement on bone mineral density and body composition in elderly women and men. Clin.Endocrinol.(Oxf) 2000;53(5):561-568.

Villareal DT, Holloszy JO. Effect of DHEA on abdominal fat and insulin action in elderly women and men: a randomized controlled trial. JAMA 11-10-2004; 292(18):2243-2248.

Wolkowitz OM, Costa ME, Yaffe K, et al. Double-blind dehydroepiandrosterone treatment of Alzheimer's disease. 152nd Annual Meeting of the American Psychiatric Association 1999.

Wolkowitz OM, Reus VI, Roberts E, et al. Dehydroepiandrosterone (DHEA) treatment of depression. Biol Psychiatry 2-1-1997; 41(3):311-318.

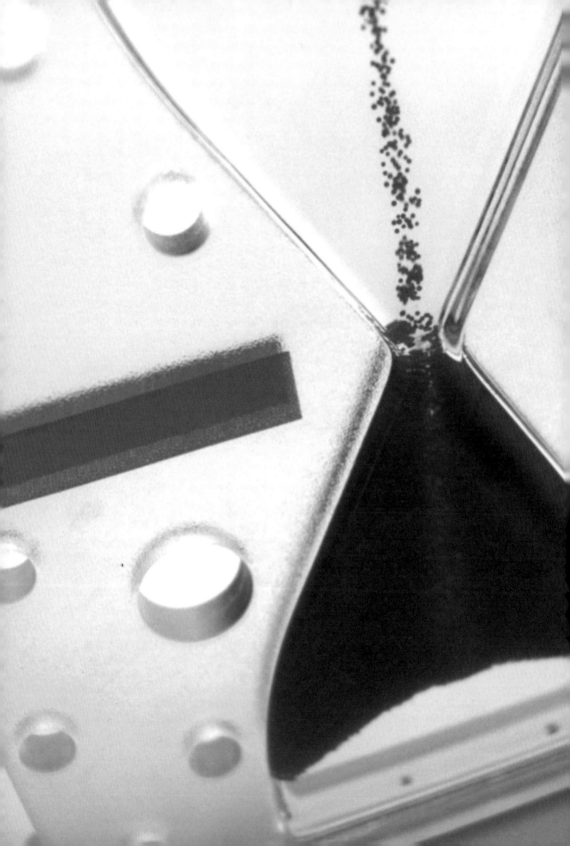

5

FOSFATIDILSERINA

CONTRA LA PÉRDIDA DE MEMORIA Y EL DETERIORO MENTAL

PROPIEDADES

1. Incrementa la memoria.
2. Mejora la función mental.
3. Alivia la depresión relacionada con la edad.

UN PODEROSO ESTIMULANTE PARA EL CEREBRO

La Fosfatidilserina es un compuesto químico que forma parte de la familia de los fosfolípidos. Producida de manera endógena en el cerebro, representa un papel protagonista a la hora de determinar la integridad y fluidez de las membranas celulares; es decir, el medio en el que se producen la transducción de señales, la liberación de las vesículas excretoras, la comunicación entre célula y célula, la regulación del crecimiento celular y el proceso inmunitario que facilita el reciclaje de células viejas.

A su vez, la Fosfatidilserina estimula la liberación de varios neurotransmisores, como la acetilcolina y la dopamina, influyendo sobre las capacidades memorísticas y cognitivas, la atención, el aprendizaje, la concentración y el estado anímico.

Suplementar con Fosfatidilserina es fundamental a partir de los cuarenta años.

Aumento sustancial de la memoria y las capacidades mentales

Son muchos los síntomas que mejoran muy apreciablemente con el consumo de Fosfatidilserina. Entre otros pueden citarse: procesos de aprendizaje y recuerdo de nombres o datos de personas que se van conociendo; reconocimiento de personas, amigos o familiares, que hacía algún tiempo que no se veían; más rápida y eficaz localización de objetos dejados por error en sitios insólitos; recuerdo de información numérica, como números de teléfonos, matrícula del coche, número del DNI, etc; mejor disposición para mantener la concentración en tareas como lectura, estudio, juegos de mesa, etc; capacidad para recordar con precisión sucesos ocurridos en plazos cortos de tiempo anterior (memoria próxima).

Estudios recientes han puesto de manifiesto que en las personas que incluyen en su dieta suplementos de Fosfatidilserina se puede constatar un aumento de la actividad cerebral, medida mediante barridos de tomografía de emisión de positrones.

Mejora de la depresión de la edad

Al mejorar la memoria y las capacidades intelectivas, la persona aumenta su autoestima, al tiempo que disminuyen los episodios de irritabilidad, la sensación de aislamiento y desánimo, el abandono y la apatía.

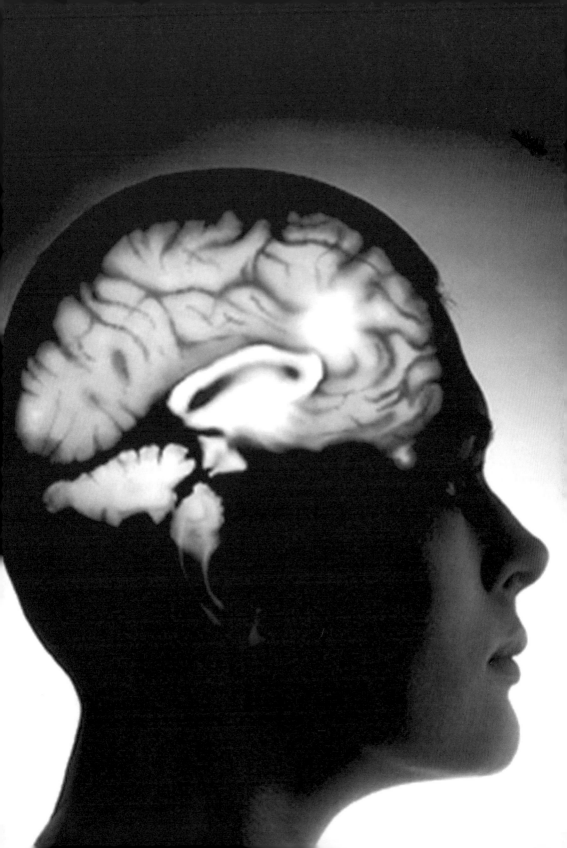

Investigaciones en marcha y esperanzas de futuro

Rendimiento deportivo

Distintos estudios coinciden en afirmar que el consumo de Fosfatidilserina contribuye a que fisioculturistas y atletas de alto rendimiento desarrollen músculos más grandes y fuertes. Parece que la Fosfatidilserina reduce significativamente la carga de cortisol (una hormona que actúa para descomponer el tejido muscular) que se produce después del ejercicio duro y prolongado.

Parkinson

Investigaciones recientes parecen evidenciar que la Fosfatidilserina mejora el metabolismo cerebral y esto beneficia sustancialmente el estado general del los enfermos de Parkinson.

Deficiencias de Fosfatidilserina

A partir de los 40-45 años, la producción endógena de Fosfatidilserina decrece notabilísimamente, y con ello la habilidad para desempeñar actividades cotidianas relacionadas con la memoria pude disminuir hasta en un 50%, y esta deficiencia sigue aumentando de manera gradual y evolutiva.

Las deficiencias de Fosfatidilserina acarrean una pérdida de memoria para los acontecimientos cercanos, dificultades para encontrar palabras adecuadas en el discurso, problemas de percepción y cálculo, trastornos en la motivación y bajo estado de ánimo.

Efectos secundarios y contraindicaciones

Los efectos secundarios de la suplementación con Fosfatidilserina son muy raros, pero en algún caso puede aparecer alguna molestia gastrointestinal ligera.

La Fosfatidilserina está contraindicada en combinación con suplementos de vitamina E, perlas de ajo y ginkgo bilova, ya que éstos son, como aquella, "adelgazantes" de la sangre.

Tampoco deben tomarla mujeres embarazadas o lactantes.

Interacción con medicamentos

La complementación con Fosfatidilserina está totalmente desanconsejada en pacientes medicados con productos con los que pudiera interferir en la coagulación normal de la sangre, tales como warfarina (Coumadin), aspirina, pentoxifilina (Tentral), clopidogrel (Plavix), y ticlopidina (Triclid).

Fuentes naturales de Fosfatidilserina

La fuente principal de Fosfatidilcolina es el cerebro de las vacas, pero a partir de la aparición de la epidemia producida por encefalopatía espongiforme bovina (enfermedad de Creutzfeldt-Jacob o "mal de las vacas locas"), esta fuente alimenticia ha dejado de estar disponible, debido al riesgo de contagio por priones.

A pesar de que la única fuente que garantiza dosis mínimas recomendadas es en forma de suplemento, algunos alimentos contienen cantidades apreciables de Fosfatidilserina:

1. Hígado de ternera y de pollo
2. Sesos de cordero.
3. Yema de huevo.
4. Aceite de krill antártico.
5. Lecitina de soja.

DOSIS DIARIA RECOMENDADA

Para mejorar la función mental, dos o tres dosis diarias de 100 mg. cada una.
Como suplemento para incrementar el rendimiento deportivo, entre 500 mg. y 800 mg.

REFERENCIAS

Amaducci L. Phosphatidylserine in the treatment of Alzheimer's disease: Results of a multicenter study. *Psychopharmacol Bull.* 1988;24:130 - 134.

Brambilla F, Maggioni M, Panerai AE, et al. Beta-endorphin concentration in peripheral blood mononuclear cells of elderly depressed patients - effects of phosphatidylserine therapy. *Neuropsychobiology.* 1996;34:18 - 21.

Blokland A, Honig W, Brouns F, et al. Cognition-enhancing properties of subchronic phosphatidylserine (PS) treatment in middle-aged rats: comparison of bovine cortex PS with egg PS and soybean PS. *Nutrition.* 1999;15:778 - 783.

Cenacchi T, Bertoldin T, Farina C, et al. Cognitive decline in the elderly: a double-blind, placebo-controlled multicenter study on efficacy of phosphatidylserine administration. *Aging(Milano).* 1993;5:123 - 133.

Cenacchi B, Baggio C, Palm E. Human tolerability of oral phosphatidylserine assessed through laboratory examinations. *Clin Trials J.* 1987;24:125 - 130.

Crook TH, Tinklenberg J, Yesavage J, et al. Effects of phosphatidylserine in age-associated memory impairment. *Neurology.* 1991;41:644 - 649.

Crook T, Petrie W, Wells C, et al. Effects of phosphatidylserine in Alzheimer's disease. *Psychopharmacol Bull.* 1992; 28:61 - 66.

Crook TH III, Adderly BD. *The Memory Cure: The Safe, Scientifically Proven Breakthrough That Can Slow, Halt, Or Even Reverse Age-Related Memory Loss.* New York, NY: Pocket Books; 1998:71, 72.

Delwaide PJ, Gyselynck-Mambourg AM, Hurlet A, et al. Double-blind randomized controlled study of phosphatidylserine in senile demented patients. *Acta Neurol Scand.* 1986;73:136 - 140.

Engel RR, Satzger W, Gunther W, et al. Double-blind cross-over study of phosphatidylserine vs. placebo in patients with early dementia of the Alzheimer type. *Eur Neuropsychopharmacol.* 1992;2:149 - 155.

Fahey TD, Pearl M. Hormonal effects of phosphatidylserine during 2 weeks of intense training. Abstract presented at: National Meeting of the American College of Sports Medicine;June, 1998; Orlando, Fla.

Fahey TD, Pearl M. The hormonal and perceptive effects of phosphatidylserine administration during two weeks of resistive exercise-induced overtraining. *Biol Sport.* 1998;15:135 - 144.

Funfgeld EW, Baggen M, Nedwidek P, et al. Double-blind study with phosphatidylserine (PS) in Parkinsonian patients with senile dementia of Alzheimer's type (SDAT). *Prog Clin Biol Res.* 1989;317:1235 - 1246.

Furushiro M, Suzuki S, Shishido Y, et al. Effects of oral administration of soybean lecithin transphosphatidylated phosphatidylserine on impaired learning of passive avoidance in mice. *Jpn J Pharmacol.* 1997;75:447 - 450.

Gaby AR. Don't believe everything you read. *Townsend Letter for Doctors and Patients.* May 1997:122 - 123.

Gindin J, et al. The effect of plant phosphatidylserine on age-associated memory impairment and mood in the functioning elderly. Rehovot, Israel. Geriatric Institute for Education and Research and Dept. of Geriatrics, Kaplan Hospital, 1995.

Gindin J, et al. The effect of plant phosphatidylserine on age-associated memory impairment and mood in the functioning elderly. Rehovot, Israel. Geriatric Institute for Education and Research and Dept. of Geriatrics, Kaplan Hospital, 1995.

Jorisse BL, Brouns F, Van Boxtel MP, et al. The influence of soy-derived phosphatidylserine on cognition in age-associated memory impairment. *Nutr Neurosci.* 2001;4:121-134.

LaBrake CC, Fung LW. Phospholipid vesicles promote human hemoglobin oxidation. *J Biol Chem.* 1992;267:16703 - 16711.

Maggioni M, Picotti GB, Bondiolotti GP, et al. Effects of phosphatidylserine therapy in geriatric patients with depressive disorders. *Acta Psychiatr Scand.* 1990;81:265 - 270.

Monteleone P, Maj M, Beinat L, et al. Blunting by chronic phosphatidylserine administration of the stress-induced activation of the hypothalamo-pituitary-adrenal axis in healthy men. *Eur J Clin Pharmacol.* 1992;42:385 - 388.

Monteleone P, Beinat L, Tanzillo C, et al. Effects of phosphatidylserine on the neuroendocrine response to physical stress in humans. *Neuroendocrinology.* 1990;52:243 - 248.

Nerozzi D, Aceti F, Melia E, et al. Phosphatidylserine and memory disorders in the aged [in Italian; English abstract]. *Clin Ther.* 1987;120:399 - 404.

Palmieri G, Palmieri R, Inzoli MR, et al. Double-blind controlled trial of phosphatidylserine in patients with senile mental deterioration. *Clin Trials J.* 1987;24:73 - 83.

Orlando P, Cerrito F, Zirili P. The fate of doubly-labelled brain phospholipids administered to mice. *Farmaco.* 1975; 30: 451- 458.

Sakai M, Yamatoya H, Kudo S. Pharmacological effects of phosphatidylserine enzymatically synthesized from soybean lecithin on brain functions in rodents. *J Nutr Sci Vitaminol* (Tokyo) 1996;42:47 - 54.

Suzuki S, Yamatoya H, Sakai M, et al. Oral administration of soybean lecithin transphosphatidylated phosphatidylserine improves memory impairment in aged rats. *J Nutr.* 2001; 131:2951-2956.

Toffano G, Leon A, Benvegnu D. Effect of brain cortex phospholipids on catechol-amine content of mouse brain. *Pharmacol Res Commun*. 1976;8:581 - 590.

Van den Besselaar AM. Phosphatidylethanolamine and phosphatidylserine synergisti-cally promote heparin's anticoagulant effect. *Blood Coagul Fibrinolysis*. 1995;6:239 - 244.

Villardita C, Grioli S, Salmeri G, et al. Multicentre clinical trial of brain phos-phatidylserine in elderly patients with intellectual deterioration. *Clin Trials J*. 1987;24:84 - 93.

6

L-ARGININA

EL AMINOÁCIDO DE LA VIRILIDAD Y LA SOLUCIÓN A LAS VÁRICES

PROPIEDADES

1. Disminuye la presión arterial.
2. Incrementa la potencia sexual en los varones.
3. Muy útil para prevenir y tratar las varices
4. Estimula el sistema inmune.

AMINOÁCIDO ESENCIAL Y SEMIESENCIAL

La L-Arginina es un aminoácido esencial durante la infancia y la pubertad, ya que estimula la secreción de la hormona del crecimiento desde la hipófisis, pero a partir de la edad adulta se convierte en semiesencial, puesto que aunque necesario para el crecimiento, no lo es para el mantenimiento. Junto a la Glicina y la Metionina, interviene como precursor de la Creatina, un metabolito rico en energía, que se encuentra fundamentalmente en el músculo. En 1932 se descubrió que la Arginina era imprescindible para la producción de urea, necesaria a su vez para la eliminación del amoniaco tóxico del organismo.

EFICAZ CONTRA LA HIPERTENSIÓN

La Arginina actúa como vasodilatador, dilata las arterias y reduce la presión arterial en pacientes hipertensos, especialmente en la derivada de la diabetes tipo 2.

PRECURSOR DE LA POTENCIA SEXUAL MASCULINA

Parece que la Arginina interviene en la primera fase de la respuesta erectiva, debido a su acción sobre una enzima que convierte en óxido nítrico, gas que actúa como vasodilatador de los cuerpos cavernosos del pene, consiguiendo así mantener una adecuada capacidad eréctil. Por otra parte, parece que aumenta la producción espermática, lo que redundaría en un aumento de la fertilidad.

ÚTIL EN TRASTORNOS QUE PROVOCAN VASOCONSTRICCIÓN

Por la misma acción vasodilatadora antes descrita, la Arginina resulta útil en el tratamiento de afecciones como la angina de pecho, ateroesclerosis, afecciones de las arterias coronarias, fallo cardiaco o dolor de cabeza vascular. La Arginina, al ser beneficiosa tanto para el corazón como para la potencia sexual, resulta de gran ayuda para los varones de cierta edad, que se mantienen sexualmente activos.

POTENCIADORA DEL SISTEMA INMUNITARIO

La suplementación de la dieta con Arginina mejora el estado general del sistema inmunitario y resulta especialmente eficaz frente a la respuesta inmunitaria provocada por la vacuna del neumococo en personas de edad.

REMEDIO CONTRA LAS VARICES

De nuevo gracias a su acción vasodilatadora, junto a sus capacidades para estimular el sistema circulatorio y la producción de colágeno, que favorece la elasticidad de los vasos, la Arginina resulta muy interesante para la prevención y el tratamiento de las varices y procesos varicosos.

INVESTIGACIONES EN MARCHA Y ESPERANZAS DE FUTURO

Infecciones hospitalarias

Diversas experiencias clínicas han demostrado que suplementando con Arginina una dieta rica en proteínas y fibra, los pacientes en estado crítico, tuvieron menos infecciones de lo que es habitual en estos casos.

Insuficiencia cardiaca

Diversos estudios indican que la suplementación con Arginina consiguió que pacientes con insuficiencia cardiaca aumentaran significativamente su tolerancia al ejercicio físico.

Jaquecas y migraña

Varias investigaciones se siguen en la línea de añadir Arginina al tratamiento tradicional con ibuprofeno, para disminuir el dolor de jaquecas y migraña.

Recuperación posquirúrgica

La Arginina ha demostrado un interesante potencial cuando se emplea tras una intervención quirúrgica, al mejorar el sistema inmune.

Cicatrización de heridas y quemaduras

Algunos estudios clínicos apuntan a la idoneidad de tratar con Arginina a pacientes que han sido sometidos a cirugía invasiva o que sufren quemaduras de consideración, ya que el suplemento actuaría como acelerador de la funciones inmunes y protéicas.

Deficiencias de L-Arginina

Las deficiencias de Arginina se manifiestan en presencia excesiva de amoniaco o lisina, y se producen en situaciones de crecimiento rápido, durante el embarazo, tras sufrir algún traumatismo, por acusada deficiencia de proteínas y como consecuencia de una mala nutrición.

La deficiencia de arginina también puede implicar un bajo conteo de espermatozoides.

EFECTOS SECUNDARIOS

En algunos casos extraordinarios, un exceso en la suplementación con Arginina puede provocar molestias estomacales, dolores musculares y empeoramiento (incluso anafilaxis o reacción fuerte) en pacientes de alergia.

CONTRAINDICACIONES

De todo punto contraindicada en casos de herpes (labial, genital o zóster), ya que la Arginina podría estimular la replicación del virus.

Los pacientes con dolencias hepáticas o renales, embarazadas, en tratamiento de anticonceptivos o terapias de reemplazo hormonal, y personas con trastornos hemorrágicos, deben consultar a su médico antes de decidirse a tomar suplementos de Arginina.

Interacción con medicamentos

Teóricamente, la Arginina podría aumentar el riesgo de hemorragias en pacientes que toman medicación anticoagulante o antiplaquetaria.También es posible que la Arginina interactúe negativamente con medicamentos antidiabéticos.

Fuentes naturales de L-Arginina

1. Pescados
2. Mariscos y crustáceos
3. Pollo
4. Productos lácteos
5. Nueces
6. Chocolate
7. Ajos
8. Cebollas
9. Piña
10. Espárragos

Dosis diaria recomendada

Como dosis regular, un gramo, tres veces al día y preferiblemente con el estómago vacío.

Para mejorar la función sexual y conseguir erecciones más firmes, tres gramos un poco antes de la relación.

REFERENCIAS

Abel T, Knechtle B, Perret C, et al. Influence of chronic supplementation of arginine aspartate in endurance athletes on performance and substrate metabolism - a randomized, double-blind, placebo-controlled study. Int J Sports Med. 2005 Jun; 26(5): 344-9.

Black P, Max MB, Desjardins P, et al. A randomized, double-blind, placebo-controlled comparison of the analgesic efficacy, onset of action, and tolerability of ibuprofen arginate and ibuprofen in postoperative dental pain. Clin Ther. 2002; 24(7): 1072-1089.

Carrier, M, Pellerin M, Perrault LP, et al. Cardioplegic arrest with L-arginine improves myocardial protection: results of a prospective randomized clinical trial. Ann.Thorac.Surg. 2002; 73(3): 837-841.

Cartledge JJ, Davies AM, Eardley I. A randomized double-blind placebo-controlled crossover trial of the efficacy of L-arginine in the treatment of interstitial cystitis. BJU.Int 2000; 85(4): 421-426.

Garhofer G, Resch H, Lung S, et al. Intravenous administration of L-arginine increases retinal and choroidal blood flow.Am J Ophthalmol. 2005 Jul;140(1): 69-76.

Gianotti L, Braga M, Nespoli L, et al. A randomized controlled trial of preoperative oral supplementation with a specialized diet in patients with gastrointestinal cancer. Gastroenterology 2002; 122(7): 1763-1770.

Houwing RH, Rozendaal M, Wouters-Wesseling W, et al. A randomised, double-blind assessment of the effect of nutritional supplementation on the prevention of pressure ulcers in hip-fracture patients. Clin Nutr. 2003; 22(4):401-405.

Koga Y, Akita Y, Junko N, et al. Endothelial dysfunction in MELAS improved by l-arginine supplementation. Neurology. 2006 Jun 13; 66(11):1766-9.

Korting G, Smith S, Wheeler M, et al. A randomized double-blind trial of oral L-arginine for treatment of interstitial cystitis. J Urol. 1999; 161(2):558-565.

Lebret T, Herve JM, Gorny P, et al. Efficacy and safety of a novel combination of L-arginine glutamate and yohimbine hydrochloride: a new oral therapy for erectile dysfunction. Eur.Urol. 2002; 41(6):608-613.

Miller HI, Dascalu A, Rassin TA, et al. Effects of an acute dose of L-arginine during coronary angiography in patients with chronic renal failure: a randomized, parallel, double-blind clinical trial. Am.J.Nephrol. 2003; 23(2):91-95.

Mansoor JK, Morrissey BM, Walby WF, et al. L-arginine supplementation enhances exhaled NO, breath condensate VEGF, and headache at 4,342 m. High Alt Med Biol. 2005 Winter;6(4):289-300.

Polan ML, Hochberg RB, Trant AS, et al. Estrogen bioassay of ginseng extract and ArginMax, a nutritional supplement for the enhancement of female sexual function. J.Womens Health (Larchmt.) 2004; 13(4):427-430.

Schulman SP, Becker LC, Kass DA, et al. L-arginine therapy in acute myocardial infarction: the Vascular Interaction With Age in Myocardial Infarction (VINTAGE MI) randomized clinical trial. JAMA. 2006 Jan 4; 295(1):58-64.

7

L-CARNITINA

Carnitina, Levo-Carnitina , Vitamina B11, Vitamina BT

ENERGÉTICA, REVITALIZANTE, VIGORIZANTE Y ADELGAZANTE

PROPIEDADES

1. Fundamental para el correcto funcionamiento del corazón y el sistema cardiovascular general.

2. Vasodilatador y antioxidante.

3. Aumenta el suministro de energía hacia el músculo durante el entrenamiento físico.

4. Ayuda a adelgazar.

5. Contribuye a disminuir la concentración de colesterol y triglicéridos en sangre.

6. Útil en problemas renales.

¿Vitamina o aminoácido?

La L-Carnitina es un derivado del ácido beta-hidroxibutírico, sustancia bastante análoga a las vitaminas y que se asemeja a los aminoácidos, pero no es ni una cosa ni otra, ya que se sintetiza en el hígado, riñones y cerebro a partir de dos aminoácidos esenciales, lisina y metionina, con la imprescindible colaboración de un mineral, el hierro, y dos vitaminas, C y B6. Una vez sintetizada, la L-Carnitina participa en varias reacciones fundamentales del metabolismo. Aunque en Europa se utiliza desde hace más de seis décadas para el tratamiento de alteraciones cardiacas, en Estados Unidos solo se autorizó su uso a partir de 1986.

Potente energizante y tónico deportivo

La L-Carnitina actúa como transportador entre las grasas y los centros de reconversión energética. Se trata en suma de una sustancia fundamental en el proceso de oxidación de los ácidos grasos en la mitocondria, actuando como un liberalizador de energía en forma de ATP (adenosín trifosfato). En el entrenamiento físico aumenta el suministro de energía hacia el músculo, al incrementar el flujo sanguíneo que llega a la zona. Se ha comprobado que el uso de L-Carnitina proporciona calorías y energía extra en situaciones de duro entrenamiento, deportes de resistencia (como ciclismo, carreras de larga distancia, marcha atlética, aeróbic, etc). Por otra parte, su acción evita en buena medida esguinces o desgarros, al tiempo que, al ralentizar la formación de ácido láctico, previene la aparición de agujetas tras el esfuerzo.

PREVENTIVO ANTE EL RIESGO DE ACCIDENTE CARDIOVASCULAR

La L-Carnitina actúa como un transportador que propicia la función energética de las grasas, impidiendo que éstas se acumulen en las paredes arteriales, lo que sin duda favorece el riesgo de sufrir diversos problemas cardiovasculares. Por otra parte, la suplementación con L-Carnitina ayuda a disminuir la concentra-

ción de colesterol en sangre y de triglicéridos; ambos factores de riesgo cardiovascular. Finalmente, su positiva acción sobre el mecanismo de contracción de las células musculares cardiacas, junto a su efecto vasodilatador y antioxidante, la suplementación dietética con L-Carnitina puede ser de gran utilidad no sólo como preventivo, sino en casos de insuficiencia cardiaca, angina de pecho o secuelas de infarto, etc.

ADELGAZANTE Y VIGORIZANTE

Aunque conviene dejar claro de principio que la L-Carnitina no es, como a veces se pretende, un quemador de grasas, facilita el que esas grasas sean utilizadas como fuente energética, y no queden almacenadas en las células de nuestro organismo o en el panículo adiposo. Para que la L-Carnitina actúe como adelgazante y conversor de la grasa en masa muscular, es fundamental seguir una dieta baja en calorías y tomarla una media hora antes de hacer cualquier tipo de ejercicio.

AYUDA ANTE PROBLEMAS RENALES

Se han constatado serias deficiencias de L-Carnitina en personas con padecimientos renales o sometidas a tratamiento de diálisis, de lo que se deduce la idoneidad de suplementar la dieta con este producto en tales casos.

Enfermedad pulmonar obstructiva (EPOC)

Algunas investigaciones apuntan a mejorías significativas en los síntomas de EPOC tras un tratamiento continuado con suplementos de L-Carnitina.

Claudicación intermitente

Se han realizado diversos estudios que arrojan resultados positivos en el tratamiento con L-Carnitina de esta dolencia, también llamada "síndrome del escaparte", que padece entre un 5% a 10% de la población, y que se traduce en un fuerte dolor muscular de los miembros inferiores (consecuencia del endurecimiento de las arterias y de la falta de una adecuada oxigenación muscular), que desaparece tras un rato en reposo.

Infertilidad masculina

Cada vez más evidencias sugieren que la L-Carnitina ayuda a fomentar la función espermática y, en consecuencia a contrarrestar eficazmente el problema de la infertilidad masculina.

Síndrome de fatiga crónica

Varias investigaciones han puesto en evidencia que debido a que los pacientes de Síndrome de Fatiga Crónica (SFC) presentan serios déficits de L-Carnitina, suplementar la dieta con esta sustancia, vitamina o aminoácido, puede mejorar visiblemente los síntomas de esta dolencia.

El Síndrome de Fatiga Crónica es una enfermedad de origen desconocido, que afecta mayoritariamente a mujeres de raza blanca, de edades comprendidas entre los 25 y 40 años, y de ámbito preferentemente urbano. Hasta 1988 no fue reconocida formalmente como enfermedad. Se trata de una fatiga incapacitante que dura más de seis meses y que reduce la actividad normal a menos de la mitad. Es un padecimiento bastante mal comprendido a pesar de que afecta a varios sistemas del organismo. No se ha identificado una causa única para esta dolencia por lo cual sólo se diagnostica por sus síntomas y por un proceso de eliminación de otras enfermedades cuyos síntomas se expresan en fatiga.

DEFICIENCIAS DE L-CARNITINA

Es muy probable que se produzcan deficiencias de L-Carnitina a partir de cierta edad, normalmente a partir de los cuarenta o más años; en casos de problemas hepáticos o renales, que afectan a su síntesis; en los procesos de embarazo y lactancia; anemia, por deficiencia de hierro; en situaciones de alto consumo de energía, como el deporte de cierta intensidad; en caso de bajo consumo de carnes rojas y de productos lácteos, especialmente en dietas vegetarianas estrictas.

Efectos secundarios y contraindicaciones

La suplementación con L-Carnitina no se ha asociado con tipo alguno de toxicidad.

Interacción con medicamentos

En caso de medicación con anticonvulsivos (como el ácido valproico), debe consultarse con el médico la idoneidad o no del uso de L-Carnitina.

Fuentes naturales de L-Carnitina

1. Cordero
2. Ternera
3. Cerdo
4. Pollo
5. Productos lácteos
6. Levadura de cerveza
7. Cacahuetes
8. Coliflor
9. Germen de trigo

Dosis diaria recomendada

Como fuente de energía, 1 g. inmediatamente antes de realizar ejercicio físico.

Como coadyuvante en dietas de adelgazamiento, 1 g. 10 minutos antes de la comida o 1 gramo antes de la comida y la cena, según necesidades.

Referencias

Braunwald E, Kloner RA. The stunned myocardium: prolonged ischemic ventricular dysfunction. Circulation 1982; 66: 1.146-1.149..

Heyndrichx GR, Millard RW, McRitchie RJ, Maroko PR, Vatner SF. Regional myocardial functional and electrophysiological alterations after brief coronary artery occlusion in conscious dogs. J Clin Invest 1975; 56: 978-985..

Geft IL, Fishbein MC, Ninomiya K, Hashida J, Chaux E, Yano L et al. Intermittent brief periods of ischemia have acumulative effect and may cause myocardial necrosis. Circulation 1982; 66: 1.150-1.153..

Pomar F, Cosín J, Portolés M, Faura M, Renau J, Hernándiz A et al. Functional and ultrastructural alterations of canine myocardium subjected to very brief coronary occlusions. Eur Heart J 1995; 16: 1.482-1.490..

Bolli R. Mechanisms of myocardial «stunning». Circulation 1990; 82: 723-738..

Bolli R. Myocardial «stunning»20 years later: a summary of current concepts regarding its pathophysiology, pathogenesis, and clinical significance. Dialogues in Cardiovascular Medicine 1996; 1: 5-26.

Bremer J. Carnitine. Metabolism and function. Physiol Rev 1983; 63: 1.420-1.480.

Harper P, Wadström C, Cederblad G. Carnitine measurements in liver, muscle tissue, and blood in normal subjects. Clin Chem 1993; 39: 592-599.

Fritz IB, Kaplan E, Yue KTN. Specificity of carnitine action on fatty acid oxidation by heart muscle. Am J Physiol 1962; 202: 117-121.

Yamada KA, Mchowat J, Yan GX, Donahue K, Peirick J, Kléber AG et al. Cellular uncoupling induced by accumulation of long-chain acylcarnitine during ischemia. Circ Res 1994; 74: 83-95.

Pallarés V, Hernándiz A, Cosín J, Portolés M, Capdevila C, Pomar F. Evolución a lo largo de 10 días de un modelo de miocardio aturdido mediante isquemias muy breves y repetidas. Rev Esp Cardiol 1996; 50: 254-259.

Cevese G, Schena F, Cerutti G. Short-term hemodynamic effects of intravenous propionyl-L-Carnitine in anesthetized dogs. Cardiovasc Drugs Ther 1991; 5: 45-56.

Ferrari R, DiLisa F, Willem de Jong J, Ceroni CL, Pasini E, Barbato R et al. Prolonged propionyl-L-Carnitine pre-treatment of rabbit: biochemical, hemodynamic and electrophysiological effects on myocardium. J Mol Cell Cardiol 1992; 24: 219-232.

Mouhieddine S, De Leiris J. Cardioprotective effect of L-Carnitine in rats submitted to permanent left coronary artery ligation. Arch Intern Physiol Biochim Biophys 1993; 101: 411-416.

Heathers GP, Su ChM, Adames VR, Higgins AJ. Reperfusion-induced accumulation of long-chain acylcarnitines in previously ischemic myocardium. J Cardiovasc Pharmacol 1993; 22: 857-862.

Van Bilsen M, Van der Vusse GJ, Willemsen PHM, Coumans WA, Reneman RS. Fatty acid accumulation during ischemia and reperfusion: effects of pyruvate and POCA, a carnitine palmitoyl transferase I inhibitor. J Mol Cell Cardiol 1991; 23: 1.437-1.447..

Vogel MW, Bush LR, Cavallo GC, Heathers GP, Hirkaler GM, Korak MZ et al. Inhibition of long-chain acylcarnitine accumulation during coronary artery occlusion does not alter infarct size in dogs. J Cardiovasc Pharmacol 1994; 23: 826-832.

Opie LH. Role of carnitine in fatty acid metabolism of normal and ischemic myocardium. Am Heart J 1979; 97: 373-388.

Li P, Park Ch, Micheletti R, Li B, Cheng W, Sonnenblick EH et al. Myocyte performance during evolution of myocardial infarction in rats: effects of propionyl-L-carnitine. Am J Physiol 1995; 268: H1.702-H1.713.

Paulson DJ, Schmidt MJ, Traxler JS, Ramacci MT, Shug AL. Improvement of myocardial function in diabetic rats after treatment with L-Carnitine. Metabolism 1984; 33: 358-363.

Liedtke AJ, DeMaison L, Nellis SH. Effects of L-propionylcarnitine on mechanical recovery during reflow in intact hearts. Am J Physiol 1988; 255: H169-H176.

Kobayashi A, Suzuki Y, Kamikawa T, Hayashi H, Musumura Y, Nishiara K et al. Effects of L-Carnitine on ventricular arrhythmias after coronary reperfusion. Jpn Circ J 1983; 47: 536-542.

Palazzuoli V, Mondillo S, Faglia S, D'Aprile N, Camporeale A, Genuari C. Valuazione dell'attivitá antiaritmica della L-Carnitina e del propafenone nella cardopatía ischemica. Clin Ter 1993; 142: 155-159.

Suzuki Y, Kamikawa T, Yamakazi N. Carnitine distribution in subepicardial and subendocardial regions in normal and ischemic dogs hearts. Jpn Heart J 1981; 22: 377-385.

Hess OM, Osakada G, Lavelle JF, Gallagher KP, Kemper WS, Ross J Jr. Diastolic myocardial wall stiffness and ventricular relaxation during partial and complete coronary occlusion in the conscious dog. Circ Res 1983; 52: 387-400.

Cherchi A, Lai C, Angelino F, Trucco G, Caponnetto S, Meretp PE et al. Effects of L-Carnitine on exercise tolerance in chronic stable angina: a multicenter, double-blind, randomized, placebo controlled crossover study. Int J Clin Pharmacol Ther Toxicol 1985; 23: 569-572.

Orlando G, Busconi C. Oral L-Carnitine in the treatment of chronic cardiac ischemia in elderly patients. Clin Trial J 1986; 23: 338-344.

Iliceto S, Scrutinio D, Bruzzi P, D'Ambrosio G, Boni L, Di Biase M et al, on behalf of the CEDIM Investigators. Effects of L-Carnitine administration on left ventricular remodeling after acute anterior myocardial infarction: the L-Carnitine ecocardiografia digitalizzata infarto miocardico (CEDIM) Trial. J Am Coll Cardiol 1995; 26: 380-387.

Davini P, Bigalli A, Lamanna F, Boem A. Controlled study on L-Carnitina therapeutic efficacy in post-infarction. Drugs Exp Clin Res 1992; 28: 355-365.

Caponnetto S, Canale C, Masperone A, Terracchini V, Valentini G, Brunelli C. Efficacy of L-propionyl-carnitine treatment in patients with left ventricular dysfunction. Eur Heart J 1994; 15: 1.267-1.273.

Kobayashi A, Fujisawa S. Effects of L-Carnitine on mitochondrial acyl CoA esters in the ischemic dog heart. J Mol Cell Cardiol 1994; 26: 499-508.

Di Lisa F, Menabo R, Siliprandi N. L-propionyl-carnitine protection of mitochondria in ischemic rat hearts. Mol Cell Biochem 1989; 88: 169-173.

Duncker DJ, Sassen LMA, Bartels GL, VanMeegen JR, McFalls EO, Krams R et al. L-Propionylcarnitine does not affect myocardial metabolic or functional response to chronotropic and inotropic stimulation after repetitive ischemia in anesthetized pigs. J Cardiovasc Pharmacol 1993; 22: 488-498.

Bartels GL, Remme WJ, Scholte HR. Acute myocardial ischaemia induces cardiac carnitine release in man. Eur Heart J 1997; 18: 84-90.

8

MELATONINA

N-acetil-5-metoxitriptamina; 5-Metoxi-N-acetiltriptamina;
beta-metil-6cloromelatonina

ADIÓS A LOS TRASTORNOS DEL SUEÑO Y BIENVENIDA A LA "ETERNA JUVENTUD"

PROPIEDADES

1. Atenúa o suprime los trastornos derivados del *jet lag*.
2. Ayuda a combatir el insomnio en personas de edad o ancianos.
3. Contribuye a combatir el insomnio en pacientes de Alzheimer.
4. Actúa como eficaz antioxidante o antienvejecimiento.
5. Puede sustituir o reducir en alguna medida, pero con indudables ventajas, la medicación a base de benzodiazepinas.

EL MOTOR DEL TERCER OJO

La Melatonina es una neurohormona que produce la glándula pineal o epífisis. Esta glándula, situada en el techo del diencéfalo cerebral (en la llamada fosa pineal), llamada también y coloquialmente "tercer ojo", se activa y produce Melatonina, a partir de la Serotonina, en ausencia de luz. La liberación de Melatonina produce un efecto de fototransducción que es estimulado en la oscuridad a través del ojo. Este mecanismo de estimulación en situaciones de oscuridad ambiental sugiere que la Melatonina participa de manera activa en el ritmo circadiano y, en consecuencia, en la correcta regulación de distintas funciones corporales y fisiológicas. En este punto, se ha comprobado que los niveles de Melatonina se elevan, de manera natural, cuando se aproxima la hora de acostarse.

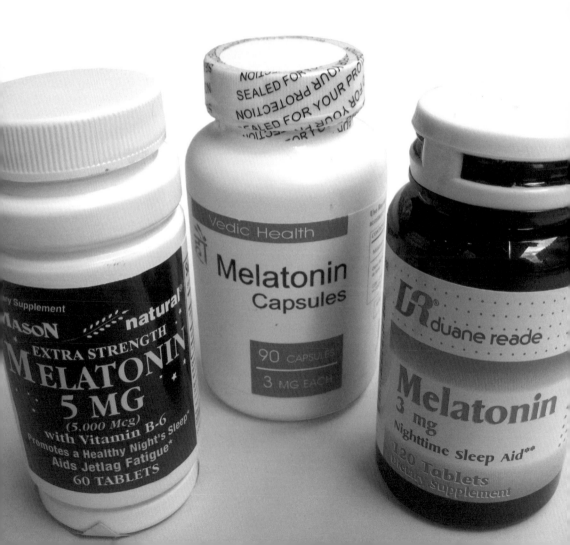

Se sabe que a partir de los treinta años la producción natural de Melatonina empieza a descender de manera sustancial, hasta que prácticamente llega a ser nula. Por ello, aunque resulte muy interesante incluir en la dieta alimentos que propicien su producción, a partir de los cuarenta años es casi de todo punto imprescindible empezar a tomar suplementos de esta hormona.

CONTRA LOS DESFASES HORARIOS Y DEL SUEÑO

Numerosos estudios han demostrado que la Melatonina resulta de gran eficacia para combatir los indeseables efectos del *jet lag* o desfase horario cuando se viaja por vía aérea entre continentes. Administrada por vía oral el día del viaje (lo más aproximadamente posible a la hora de acostarse en el lugar de destino), y continuando tomándola durante varios días, la Melatonina reduce considerablemente el plazo necesario para establecer un patrón normal de sueño, reduce decisivamente el tiempo óptimo para dormirse (lo que se llama latencia del sueño), mejora el estado de alerta, y disminuye la sensación de fatiga habitual en la llegada a destino.

MUY ÚTIL PARA COMBATIR EL INSOMNIO Y MEJORAR LA CALIDAD DEL SUEÑO

Distintas investigaciones han puesto en evidencia que tomando Melatonina por vía oral entre media hora o dos horas antes de acostarse, las personas que han rebasado los cuarenta años y empiezan a tener problemas de insomnio, consiguen reducir notablemente el tiempo de latencia o necesario para conciliar el sueño. Por otra parte, la Melatonina no solo ayuda a acortar la fase de latencia, sino que, además, activa la sensación de somnolencia antes de acostarse y aumenta la duración del sueño reparador.

En cualquier caso, el sueño inducido a través de la Melatonina es más natural y de mejor calidad que el producido por los somníferos habituales, y el despertar es más fresco y descansado.

Una ayuda para los enfermos de Alzheimer

Se sabe desde hace tiempo que los niveles de Melatonina natural se reducen drásticamente en los pacientes de Alzheimer y eso ha impulsado investigaciones tendentes a verificar la idoneidad de suplementación en estos enfermos. Aunque los estudios han sido limitados, se ha comprobado que la administración de suplementos de Melatonina mejora los trastornos del sueño en estos enfermos, especialmente los implicados en la agitación nocturna y la poca calidad del sueño que sufren los pacientes con demencia.

Una alternativa para envejecer mejor y más despacio

Se ha dicho, en tono ciertamente rimbombante y festivo, que el secreto de la eterna juventud podría residir en la Melatonina. Lo cierto es que distintas investigaciones apuntan al posible gran potencial de esta sustancia, de marcados efectos antioxidantes y más efectiva en la eliminación de los radicales libres que las vitaminas E y C, para retrasar el envejecimiento celular, neutralizar los efectos del envejecimiento e incrementar la longevidad. Un largo centenar de estudios de laboratorio coinciden en señalar que esta hormona preserva el ADN, las proteínas y los lípidos del daño oxidativo, debido a su capacidad para neutralizar los radicales libres que lesionan sus estructuras.

En este punto es importante destacar el gran número de enfermedades relacionadas con el daño o estrés oxidativo, tales como enfermedades ateroscleróticas y tumorales, hipertensión arterial,

diabetes secundaria, cataratas, infertilidad masculina, enfermedades neurodegenerativas, etc.

SUSTITUTO DE DROGAS ANSIOLÍTICAS

Algunas investigaciones han confirmado que la administración de suplementos de Melatonina puede ayudar a reducir gradualmente las dosis de benzodiazepinas, como el diazepan o el lorazepam (habitualmente prescritos como ansiolíticos, miorrelajantes, aticonvulsionantes, sedantes, etc), lo que implicaría evitar en alguna medida sus posibles efectos secundarios, como somnolencia, ataxia, vértigo, hipotensión, cambios en la libido, etc.

INVESTIGACIONES EN MARCHA Y ESPERANZAS DE FUTURO

Efectos secundarios de tratamientos de quimioterapia

Hasta el presente, distintos estudios y ensayos de tratamiento con Melatonina a pacientes que han recibido diferentes tipos de quimioterapias contra el cáncer han resultado muy prometedores y apuntan a que pueden reducir sensiblemente los efectos secundarios habituales en estas terapias.

Depresión

Los pacientes con depresión suelen presentar trastornos neuroendocrinos y del sueño, que podrían reconducirse positivamente, administrando suplementos de Melatonina, ya que ésta parece mejorar notablemente los patrones de sueño, a la vez que reduce el tiempo de latencia REM.

Mejora de la actividad sexual

Todo parece indicar que la Melatonina actuó positivamente en personas de ambos sexos en las que el deseo sexual había disminuido como consecuencia de trastornos del sueño, que suelen derivar en irritabilidad, cansancio y estrés prolongados.

Glaucoma

La Melatonina, al actuar como un renovador fotorreceptor en el ojo, podría resultar muy útil para reducir el riesgo de glaucoma, maculopatía, lesión retinal y miopía; todos ellos trastornos relacionados con la edad

Migraña y dolores de cabeza

Distintos estudios señalan la posibilidad de que la Melatonina actúe como preventivo en diferentes formas de dolor de cabeza, como la migraña, los dolores de tipo tensional o los manifestados en brotes.

Síndrome de intestino o de colon irritable

Algunas investigaciones indican que la Melatonina es un agente terapéutico muy prometedor en el tratamiento del síndrome de colon irritable, caracterizado por episodios dolorosos en el bajo vientre, con estreñimiento o diarrea, provocados por espasmos del colon.

Esquizofrenia

Se ha constatado que el tratamiento mediante suplementación con Melatonina mejora la latencia del sueño en pacientes con esquizofrenia.

Asma

En la misma línea, la Melatonina actuaría positivamente sobre los ciclos de sueño en pacientes asmáticos, mejorando su calidad general de vida.

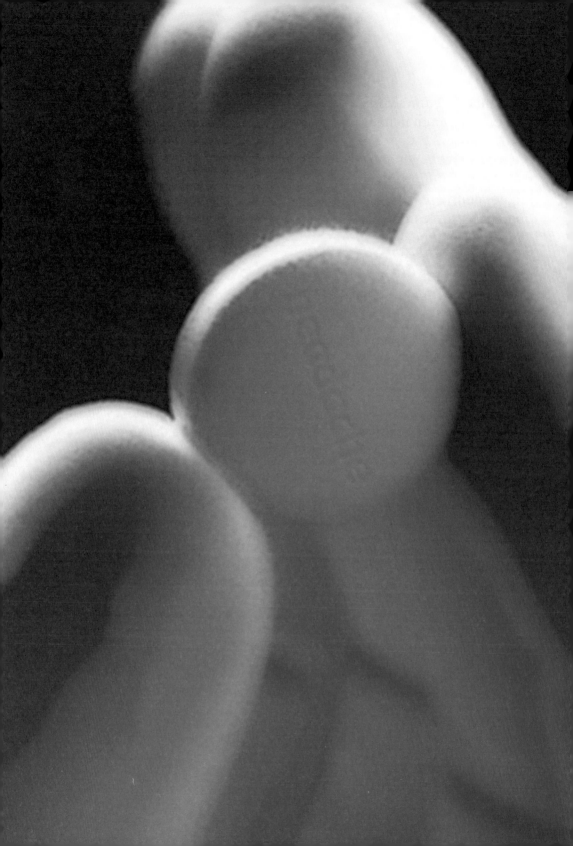

Acción negativa de los rayos ultravioleta

Los potenciales antioxidantes de la Melatonina parece que podrían resultar un excelente preventivo frente a la acción envejecedora de los rayos ultravioleta sobre la piel.

Deficiencias de Melatonina

La síntesis constante de Melatonina disminuye drásticamente a partir de los 30 años, de manera que a partir de esa edad debería incorporarse a la dieta como suplemento de uso diario. Los déficits de Melatonina suelen estar asociados con efectos psíquicos, como insomnio y depresión, mientras que, en la metabolización, el déficit podría acarrear una paulatina aceleración del envejecimiento.

Efectos secundarios y contraindicaciones

En las dosis recomendadas, no se han observado efectos secundarios dignos de mención. Sólo en algunos casos, podría inducir ligeros mareos o fatiga leve.

No deben tomar Melatonina las mujeres embarazadas, que intentan quedar embarazadas o en periodo de lactancia. Los pacientes hipertensos, que sufren ateroesclerosis o con altos niveles de colesterol en sangre, deben tomar precauciones a la hora de tomarla y consultar antes con su médico.

Interacción con medicamentos

Ante la posibilidad, aunque escasa, de que la Melatonina pueda aumentar la somnolencia durante el día, deben evitarla los pacientes tratados con benzodiazepinas, como el lorazepam o el diazepam;

barbitúricos, como el fenobarbital; narcóticos, como la codeína; anticonvulsivos; adelgazantes de la sangre, como warfarina; algunos antidepresivos y, en general, las bebidas alcohólicas destiladas.

DOSIS DIARIA RECOMENDADA

Como norma general y de manera muy aproximativa, se podría recomendar de 2 a 5 mg. entre media hora y dos horas antes de ir a la cama.

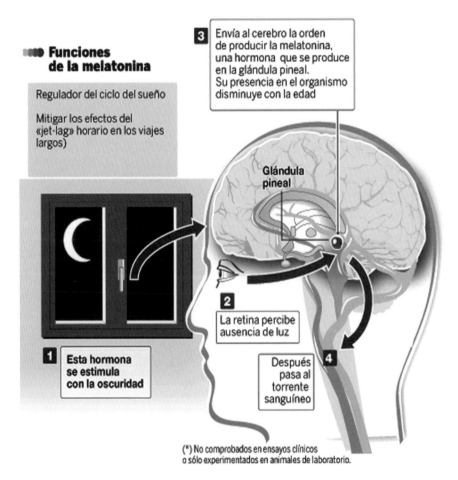

Funciones de la melatonina

Regulador del ciclo del sueño

Mitigar los efectos del «jet-lag» horario en los viajes largos)

3 Envía al cerebro la orden de producir la melatonina, una hormona que se produce en la glándula pineal.
Su presencia en el organismo disminuye con la edad

Glándula pineal

1 Esta hormona se estimula con la oscuridad

2 La retina percibe ausencia de luz

4 Después pasa al torrente sanguíneo

(*) No comprobados en ensayos clínicos
o sólo experimentados en animales de laboratorio.

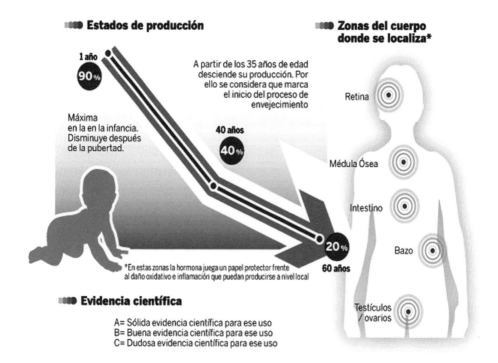

Estados de producción

1 año
90%

Máxima en la en la infancia. Disminuye después de la pubertad.

A partir de los 35 años de edad desciende su producción. Por ello se considera que marca el inicio del proceso de envejecimiento

40 años
40%

20%
60 años

*En estas zonas la hormona juega un papel protector frente al daño oxidativo e inflamación que puedan producirse a nivel local

Zonas del cuerpo donde se localiza*

Retina

Médula Ósea

Intestino

Bazo

Testículos / ovarios

Evidencia científica

A= Sólida evidencia científica para ese uso
B= Buena evidencia científica para ese uso
C= Dudosa evidencia científica para ese uso

El Dr. Darío Acuña, catedrático de Fisiología de la Universidad de Granada, y coordinador de varios estudios experimentales sobre Melatonina (varios de ellos incluidos en la red temática de investigación cooperativa sobre envejecimiento, financiada por el Instituto Carlos III), aconseja la siguiente posología: hacia los 40 años, de 3 a 5 mg, diarios; 10 mg. entre los 50 y 55 años; y un mínimo de 15 mg. a partir de los 60-65 años y hasta el final de la vida, ya que en esta etapa la producción natural de melatonina es prácticamente nula.

PIEDRA DE ESCÁNDALO, DEBATE Y CONFLICTO

Aunque la Melatonia fue descubierta en 1958, por el profesor Lerner, de la Universidad de Yale (USA), su salto a la fama empezó a gestarse a finales de los años ochenta del pasado siglo en la Fundación italiana Blancalana-Masera, donde comenzaron las investigaciones del neuroendocrinólogo Walter Pierpaoli, para determinar los posibles efectos terapéuticos de la hormona. Pierpaoli, en colaboración con el profesor William Regelson, de la Universidad de Richmond, Virginia (USA), y mediante el intercambio de glándulas pineales entre ratones viejos y jóvenes, llegó a la conclusión de que la Melatonina podría actuar como un excelente regulador del sueño y los ciclos sueño-vigilia, además de como potente ralentizador de los efectos inherentes al envejecimiento. En 1993, Pierpaoli y Regelson presentaron sus conclusiones y publicaron un libro, *El milagro de la melatonina*, que pronto alcanzó un éxito mediático internacional.

En una visita a España en 1996, Pierpaoli declaraba: "Gracias a la melatonina es posible parar en seco el envejecimiento y realizar nuestro potencial biológico hasta los cien años o más". Una buena parte de la comunidad científica le calificó de charlatán y él reaccionó tachando a sus críticos de necrófilos y adictos a los métodos de la Inquisición y el macarthismo.

La agencia nacional de medicamentos norteamericana (Food and Drug Administration, FDA) autoriza la distribución de Melatonina como complemento dietético y lo mismo ocurre en algunos países europeos, como Italia y Reino Unido. Sin embargo, las autoridades sanitarias españolas prohibieron la comercialización y venta de la Melatonina, incluyéndola en el ámbito del Real Decreto 1907/96 (referido a publicidad y promoción comercial de productos, actividades o servicios, con pretendida finalidad sanitaria), al considerar que el producto solo podría aceptarse como medicamento y no como suplemento.

No obstante, sobre esta situación hay opiniones encontradas. El citado Dr. Acuña, gran experto en Melatonina, ha declarado recientemente:

Hoy día sabemos que el déficit de melatonina que aparece con la edad es una de las causas de los signos clínicos de estrés oxidativo y nitrosativo. Sin embargo, y a pesar de que existe esta herramienta farmacológica para combatirlo, no podemos aplicarla clínicamente porque su venta está prohibida.

Pero el Ministerio de Sanidad no cede un milímetro en sus posiciones y en febrero de 2008 denunció al escritor y periodista Fernando Sánchez Dragó por elogiar públicamente la Melatonina en su programa televisivo en el informativo nocturno de Telemadrid. El enfrentamiento entre Sánchez Dragó y las autoridades sanitarias había empezado poco antes, y a partir de la respuesta a un comentario en el editorial firmado por José Antonio Vera, director del suplemento *A tu salud*, que el diario *La Razón* encarta en su edición dominical. Vera concluía su escrito diciendo:

> La melatonina parece inocua, pero no se sabe hasta que punto", y Sánchez Dragó, en el siguiente número refutaba en estos términos: "Bueno, pues yo, Director, sí que lo sé. Lo parece y lo es (.) Hace tres años me operaron del corazón: tres by-passes (.) El médico de cabecera me aconsejó entonces que siguiera tomando melatonina y que doblara la dosis. Lo hice. Tomo ahora cinco miligramos al día, veinte minutos antes de acostarme, y aquí me tienen: dos programas de televisión, tres libros en tres meses, conferencias a granel, columnismo, reportajes, viajes bravos, alguna que otra juerga, y, encima, ni siquiera cojo la gripe.

El Ministerio de Sanidad y Consumo considera que Dragó, con este y otros comentarios en idéntico sentido, ha cometido varias irregularidades y la más sustancial hacer publicidad de un medicamento que solo se puede vender con receta, lo que es ilegal. Los únicos fármacos que pueden anunciarse al público general (en medios no especializados) son las llamadas especialidades publicitarias, unas pocas, llamadas EFP, que apenas representan el 5% del total. Sánchez Dragó replica: "Yo no hice publicidad de la melatonina, porque nunca hago publicidad de nada (.) Me limité a informar, por el bien de todos, acerca de algo que llevo tomando desde hace trece años".

Entretanto, y con la pelota de la legalidad y pretendida publicidad en el alero, decenas o centenares de miles de españoles consumen a diario melatonina, que compran por Internet y en farmacias de Andorra, o que se hacen traer de Estados Unidos, Italia o Reino Unido, donde su distribución y venta es absolutamente legal.

REFERENCIAS

Arendt J, Aldhous M, Wright J. Synchronisation of a disturbed sleep-wake cycle in a blind man by melatonin treatment. Lancet 4-2-1988;1(8588):772-773.

Almeida Montes LG, Ontiveros Uribe MP, Cortes Sotres J, et al. Treatment of primary insomnia with melatonin: a double-blind, placebo-controlled, crossover study. J Psychiatry Neurosci. 2003;28(3):191-196.

Andrade C, Srihari BS, Reddy KP, et al. Melatonin in medically ill patients with insomnia: a double-blind, placebo-controlled study. J Clin Psychiatry 2001;62(1):41-45.

Campos FL, Silva-Junior FP, de Bruin VM, et al. Melatonin improves sleep in asthma: a randomized, double-blind, placebo-controlled study. Am.J.Respir.Crit Care Med. 11-1-2004;170(9):947-951.

Coppola G, Iervolino G, Mastrosimone M, et al. Melatonin in wake-sleep disorders in children, adolescents and young adults with mental retardation with or without epilepsy: a double-blind, cross-over, placebo-controlled trial. Brain Dev. 2004 Sep;26(6):373-6.

Dowling GA, Mastick J, Colling E, et al. Melatonin for sleep disturbances in Parkinson's disease. Sleep Med. 2005 Sep;6(5):459-66.

Gupta M, Gupta YK, Agarwal S, et al. A randomized, double-blind, placebo controlled trial of melatonin add-on therapy in epileptic children on valproate monotherapy: effect on glutathione peroxidase and glutathione reductase enzymes. Br J Clin Pharmacol. 2004 Nov;58(5):542-7.

Lewy AJ, Lefler BJ, Emens JS, et al. The circadian basis of winter depression. Proc Natl Acad Sci U S A. 2006 May 9;103(19):7414-9.

Lu WZ, Gwee KA, Moochhalla S, et al. Melatonin improves bowel symptoms in female patients with irritable bowel syndrome: a double-blind placebo-controlled study. Aliment Pharmacol Ther. 2005 Nov 15;22(10):927-34.

Peres MF, Zukerman E, da Cunha Tanuri F, et al. Melatonin, 3 mg, is effective for migraine prevention. Neurology. 2004 Aug 24;63(4):757.

Samarkandi A, Naguib M, Riad W, et al. Melatonin vs. midazolam premedication in children: a double-blind, placebo-controlled study. Eur J Anaesthesiol. 2005 Mar;22(3):189-96.

Shamir E, Barak Y, Shalman I, et al. Melatonin treatment for tardive dyskinesia: a double-blind, placebo- controlled, crossover study. Arch Gen.Psychiatry 2001;58(11):1049-1052.

Shamir EZ, Barak Y, Shalman I, et al. Melatonin treatment for tardive dyskinesia: a double-blind, placebo-controlled, cross-over study. Annual Meeting of the American Psychiatric Association, May 5-10 2001.

Weiss MD, Wasdell MB, Bomben MM, et al. Sleep hygiene and melatonin treatment for children and adolescents with ADHD and initial insomnia. J Am Acad Child Adolesc Psychiatry. 2006 May;45(5):512-9.

Zemlan FP, Mulchahey JJ, Scharf MB, et al. The efficacy and safety of the melatonin agonist beta-methyl-6-chloromelatonin in primary insomnia: a randomized, placebo-controlled, crossover clinical trial. J Clin Psychiatry. 2005 Mar; 66 (3):384-90.

9

OMEGA 3

Ácidos grasos Omega-3

UN SEGURO DE SALUD CARDIOVASCULAR

PROPIEDADES

1. Protectores del corazón
2. Activadores de la circulación sanguínea
3. Remedio frente a la artritis, artrosis, y poliartritis reumatoide
4. Beneficiosos para la salud cerebral
5. Decisivos para el feto y recién nacido durante embarazo y lactancia
6. Antidepresivos
7. Preventivos de la depresión post-parto
8. Alternativa para asmáticos
9. Antiosteoporáticos
10. Antialergénicos
11. Preventivos de la degeneración macular

Desde la dieta esquimal

El pescado forma parte de la dieta humana desde la más remota antigüedad, pero no fue hasta los años sesenta del pasado siglo cuando se empezó a investigar seriamente sobre sus beneficios concretos para la salud. Fue en esta época en la que se realizó el primer estudio más o menos riguroso sobre hábitos alimenticios en siete países (Estados Unidos, Japón, Finlandia, Holanda, Yugoslavia, Italia y Grecia), del que se extrajo la conclusión de que la incidencia de enfermedades comunes era menor en aquellas poblaciones cuya dieta era rica en productos del mar. No obstante, esta constatación generalista dio un salto cualitativo a partir de los trabajos que el profesor Ralph Norman realizó en 1982 entre los pueblos inuit (popularmente conocidos como esquimales) del Polo Norte. Norman comprobó que entre aquellas gentes, cuya dieta estaba basada en un 90% por pescado y carne de foca, la incidencia de enfermedades cardiovasculares era bajísima. Los esquimales raramente sufrían de infartos o ictus, pero, además, tampoco solían padecer enfermedades de la piel, alergia o afecciones inflamatorias. Tras experimentar con distintas dietas en poblaciones occidentales, pronto se descubrió que la explicación a tal excepcionalidad se debía a los ácidos grasos Omega-3, presentes en el pescado azul. Desde entonces, se ha ido constatando empíricamente el enorme potencial de salud que atesoran estos ácidos grasos.

No todos son iguales

Los Omega-3 son ácidos grasos poliinsaturados, que están presentes en productos vegetales, como ácidos grasos de cadena corta o alfa-linoléicos (ALA), tales como el aceite de colza, las nueces, los canónigos, el aceite de lino, las espinacas o la verdolaga, mientras que el Omega-3 animal, fundamentalmente

pescado azul, crustáceos y moluscos, se encuentra en forma de ácidos grasos de cadena larga, el eicosapentaenoico (EPA) y ácido docosahexanoico (DHA).

El EPA es básicamente responsable directo de la salud cardiaca y además tiene propiedades antiinflamatorias y antialérgicas. Por su parte, el DHA representa un papel trascendente en la salud cerebral y en la función visual, de ahí que sea fundamental durante la etapa de gestación (desarrollo del cerebro y de la visión del feto) y a partir de cierta edad, que podría situarse próxima a la cuarentena, para garantizar la suficiente flexibilidad de las células neuronales. De su importancia en este punto da idea el hecho de que también se le haya denominado ácido cervónico.

En los suplementos nutricionales es normal que EPA y DHA vayan unidos, dado que mientras el primero ejerce el papel de función, el segundo se ocupa de la estructura, pero en algunos casos concretos es importante disociarlos. Tal ocurre, como se verá más adelante, en la suplementación durante el embarazo y lactancia, ya que en esta situación es el DHA el que debe priorizarse en la dieta de la madre.

Más recientemente se ha constatado que el aceite de foca groenlándica contiene un tercer ácido graso Omega-3 de larga cadena, muy escasamente presente en el pescado, el docosapentaenoico (DPA), que minimiza la agregación plaquetaria y en consecuencia el riesgo de trombosis; es capaz de reparar las lesiones titulares de los vasos sanguíneos; reduce significativamente la intolerancia a la glucosa disminuye considerablemente la síntesis de sustancias proinflamatorias; y evita la formación de ateromas.

En teoría el organismo debiera transformar los alfa-linoléicos o ALA en EPA y DHA, pero, por distintas razones no siempre se realiza esa síntesis, por lo que, a pesar del indudable interés dietético de los ALA, resulta fundamental incorporar directamente a la dieta EPA, DHA y DPA, mediante el consumo de pescado azul y, muy especialmente, en forma de suplementos.

Últimamente, a las fuentes tradicionales y naturales de Omega-3 se han incorporado como suplementos, además del aceite de foca, el krill (una especie de diminutas gambitas que forman grandes poblaciones o cardúmenes en determinadas regiones oceánicas) y determinadas algas.

El preocupante desbalance entre grasas

Todas las grasas son importantes para el organismo y la salud, pero, lógicamente, en sus adecuadas proporciones, y esa proporcionalidad está preocupantemente perdida en la dieta occidental. En general comemos un gran exceso de ácidos grasos saturados (básicamente carnes rojas, embutidos, leche entera, mantequilla, nata, queso, fritos, snaks y bollería industrial) y no tomamos suficiente cantidad de ácidos grasos monoinsaturados, principalmente del ácido oléico presente en aceite de oliva, aceitunas, aguacate y avellanas.

Por otra parte, cada vez preocupa más el desbalance entre ácidos grasos poliinsaturados Omega-3 y Omega-6, presentes en aceite de girasol y de semillas de uva, almendras y nueces, de los que ingerimos en exceso, excepto de los procedentes de almendras y nueces. La proporción correcta y saludable entre Omega-6 y Omega-3 es de dos o cuatro veces más de los primeros que de los segundos, pero actualmente en los países occidentales esa proporción se sitúa entre quince a cincuenta; algo verdaderamente preocupante si se considera que tomar diez veces más Omega-6 de lo normal, implica un riesgo de accidente cardiovascular nada menos que diez veces mayor. Dicho de otra manera, se constata que frente a un balance correcto de Omega-3 y Omega-6 de 1/5, la realidad dietética contemporánea nos está evidenciando valores de 1/15 a 1/50. Concretamente, en España se estima que actualmente el ratio Omega-3/Omega-6 es de 1/30, al tiempo que en algunos Estados de Norteamérica la relación alcanza un 1/70.

UN SEGURO DE SALUD CARDIOVASCULAR

El consumo regular de Omega-3 protege eficazmente frente a ataques cardiacos, infarto, ictus y muerte súbita, a la vez que evita reincidencias tras un episodio de angina de pecho o infarto. Estos beneficios se derivan de distintas acciones de estos ácidos grasos en el organismo.

En primer lugar, los Omega-3 tienen la capacidad de fluidificar la sangre, que previene la trombosis al impedir que las plaquetas se unan entre sí y se peguen en las paredes de las arterias, formando una "costra" que va estrechando la luz del tubo y que en última instancia forma un tapón por el que no podrán atravesar los coágulos sanguíneos.

En segundo lugar, los Omega-3 flexibilizan las arterias y regulan la tensión arterial, factores ambos de riesgo para la salud cardiovascular.

También actúan beneficiosamente al regular el ritmo cardiaco, consiguiendo que se supriman o minimicen las taquicardias y las fibrilaciones.

Por otra parte, y esto es muy importante, los Omega-3 actúan como potentes antiinflamatorios venosos, lo que redunda en una menor disposición al desprendimiento de las placas de ateroma. En realidad, esta placa o costra que se va acumulando en las arterias y que tapona en parte su luz no es excesivamente peligrosa si está bien anclada. El verdadero riesgo empieza cuando sobreviene una microinflamación y como consecuencia la placa se desprende, para situarse en algún lugar estratégico que puede llegar a resultar fatal.

Finalmente, los Omega-3 hacen que disminuya considerablemente el nivel de triglicéridos, grasas que en exceso pueden llegar a representar un alto riesgo de accidente cardiaco.

Sustancial mejora de la circulación sanguínea

Los Omega-3 consiguen que los glóbulos rojos o hematíes se hagan más flexibles, lo que redunda en una mayor capacidad para que éstos puedan aplastarse y poder así pasar por el fino filtro que son los capilares, para llegar a sus objetivos. Esta circunstancia, además de proteger igualmente contra los infartos y accidentes vasculares cerebrales, mejora la resistencia al frío y al calor (este benéfico efecto es especialmente interesante en la llamada enfermedad de Raynaud, que suele darse en mujeres jóvenes y que consiste en un estado crónico en el que el riego sanguíneo se reduce por espasmos periódicos de los vasos expuestos al frío, y que hace que manos y pies adquieran una extraordinaria palidez (que vira al azul cuando empieza a recobrarse la normal circulación sanguínea), rebaja considerablemente el riesgo de flebitis, consigue que los nutrientes lleguen a los lugares más remotos del cerebro, mejorando la función mental, y combaten los problemas de retención de líquidos y celulitis.

Defensa ante inflamaciones articulares y dolores reumáticos

La acción benéfica de los Omega-3 se extiende a todas las edades, pero es a partir de una cierta edad, los cuarenta, cuando sus efectos pueden llegar a ser decisivos. En el caso de la artritis, una inflamación aguda y crónica que se expresa también en enrojecimiento, hinchazón y calor, la edad no es un factor a considerar tanto como la práctica deportiva o la predisposición genética, pero en el caso de la artrosis, los años son un factor decisivo de riesgo, ya que ésta se produce por un desgaste y deterioro natural. En ambos casos la suplementación con Omega-3 es absolutamente recomendable y una ventajosísima alternativa a los antiinflamatorios químicos que habitualmente se recetan para la artrosis y que solo consiguen acentuar el desgaste y la destrucción articular programada por el proceso natural de envejecimiento. Una dosis de dos gramos diarios de Omega-3 consigue bloquear eficazmente la producción de las sustancias implicadas en los dolores articulares.

Por último, en el caso de la poliartritis reumatoide, los Omega-3 no sólo previenen la aparición de la dolencia (parece que los inuit la desconocen), sino que mejoran sustancialmente los síntomas (dolor e inflamación en las articulaciones, abotargamiento matinal, etc) cuando ya se ha declarado.

MANTENEDORES DEL BUEN RITMO CEREBRAL Y DE LA SALUD MENTAL

El cerebro humano está constituido por más de un 65% de grasas y sus células se componen en gran parte de los ácidos grasos que se ingieren a través de la dieta. Los Omega-3 son decisivos para mantener la flexibilidad que garantiza el buen funcionamiento y el mantenimiento de las células neurales. Por otra parte, los Omega-3 establecen conexiones químicas fundamentales con las cadenas de fosfolípidos (casi la mitad de la materia blanca y gris está compuesta por fosfolípidos), de manera que resultan esenciales para el equilibrio de las células del tejido nervioso. Como quiera que la membrana neuronal contiene altas concentraciones de Omega-3, especialmente DHA, una disminución de estos ácidos grasos alteraría la funcionalidad de la membrana pudiendo ocasionar depresión, agresividad, y otros desórdenes neurológicos.

De todo ello se deduce que a partir de los cuarenta años es casi imprescindible tomar suplementos de Omega-3, para, además de evitar los riesgos anteriormente descritos, agilizar la sinapsis y evitar la ralentización de la transmisión nerviosa, que produce agujeros en la memoria y en general debilita las funciones intelectuales.

ALIMENTO IMPRESCINDIBLE PARA EL DESARROLLO NEURONAL Y LA VISIÓN DEL FETO Y EL RECIÉN NACIDO

El feto recibe los Omega-3 a través de la placenta y ello favorece un desarrollo equilibrado de las futuras funciones cerebrales y ópticas. En este caso, el Omega-3 principal protagonista es el DHA o docosahexanoico. Desde hace algunos años los sistemas sanitarios públicos de algunos países desarrollados, especialmente los del norte de Europa, han incluido el DHA, junto al tradicional ácido fólico, como suplemento esencial durante el embarazo y la lactancia, al constatarse científicamente que este ácido graso influye decisivamente en el desarrollo cerebral y la capacidad visual (especialmente en lo referente a visión nocturna y periférica) del embrión y el neonato.

En suma, la suplementación nutricional con DHA (tanto durante el embarazo como en el periodo de lactancia materna, si ésta se produce) mejora sustancialmente las futuras capacidades de aprendizaje y el coeficiente intelectual (CI), al tiempo que puede llegar a reducir hasta en un 40% el riesgo de prematuridad; un fenómeno que, como es sabido, ha aumentado exponencialmente en los últimos tiempos, debido a la tendencia creciente de retrasar el nacimiento del primer hijo y al aumento de los indeseables efectos derivados de la incorporación masiva de la mujer al mundo laboral, como ansiedad, estrés, etc. En este último punto, la relación quedó definitivamente establecida en un artículo publicado el 23 de febrero de 2003 en la revista *British Medical Journal*, firmado por un grupo investigador del *Primal Health Reserch Center* londinense y encabezado por el doctor Michel Odent, en el que se ponía de manifiesto que el no consumo de pescado azul constituía un mayor factor de riesgo de parto prematuro y de retrasos de crecimiento en el útero materno.

Útiles en el tratamiento natural de la depresión

Varios estudios han demostrado la utilidad en el tratamiento con Omega-3 de los procesos depresivos, mejorando, de forma natural y sin efectos secundarios, síntomas como la tristeza, el insomnio, la falta de energía vital, la ansiedad, las bajadas de la libido, las tendencias suicidas y las ideas negras.

En este campo, los Omega-3 se mueven en distintos planos. De un lado mejoran la química interna gracias a su potencial antiinflamatorio; de otro, hacen que los neurotransmisores (especialmente aquellos que, como la serotonina, están relacionados con el humor y el placer) se muevan con mayor funcionalidad de una neurona a otra; y, por último, son capaces de romper el círculo vicioso que desde el estrés o la ansiedad, hacen que se consuman menos Omega-3 y en consecuencia se potencien los anteriores efectos.

Muy importantes para evitar la depresión post-parto

Parece que los bebés fabrican alrededor de un 70% de su cerebro durante los últimos tres meses de embarazo y para realizar esta labor tratan de conseguir Omega-3 (concretamente DHA) por todos los medios a su alcance. Así, si la madre presenta un déficit de DHA, por ligero que este sea, se arriesga a sufrir la depresión que a veces sigue al alumbramiento.

Un aliado del calcio contra la osteoporosis

Es frecuente considerar que el problema de osteoporosis solo se puede abordar desde la suplementación con calcio y vitamina D para fijarlo, pero, en realidad, se ha constatado el papel esencial que en el proceso representan los Omega-3, ya que, además de prevenir los fenómenos inflamatorios ligados a esta dolencia, se ha demostrado que remineralizan el cartílago y favorecen los factores anabólicos que permiten la formación y absorción ósea. Así los Omega-3 son capaces de disminuir la pérdida ósea a nivel vertebral y de aumentar la densidad del fémur, algo trascendental ya que la más grave fractura ligada a la osteoporosis, aunque conocida popularmente como "rotura de cadera", ocurre en la cabeza del cuello del fémur que con ella se encardina.

HERRAMIENTA FRENTE AL ASMA

Gracias fundamentalmente a su poder antiinflamatorio se ha demostrado que las personas que consumen habitualmente suficientes dosis de ácidos grasos Omega-3 tienen cuatro veces menos posibilidades de contraer asma, porque cuando la enfermedad se ha declarado, la aportación de suplementos de Omega-3 sigue siendo muy interesante, ya que se limitan considerablemente los síntomas de la dolencia, las crisis son más espaciadas y mucho menos violentas.

En esta misma línea, los suplementos de Omega-3 resultan de considerable eficacia en otras enfermedades pulmonares, como bronquitis crónica o enfisema.

UN PREVENTIVO DE LAS ALERGIAS

Los Omega-3 protegen contra las alergias en general y de sus manifestaciones cutáneas (como el eczema), pero además son muy importantes durante las etapas de embarazo y lactancia, para que el bebé no desarrolle las hoy tan comunes alergias al pelo de gato y a los huevos.

Las claves del Omega-3

Cómo actúa en nuestro organismo

1. El colesterol malo, LDL y MDL (media y baja densidad) se adhiere a la placa que han creado los monocitos, obstruyendo el paso de la sangre

2. El omega 3 ayuda a nuestro cuerpo a reducir el LDL que se instala en las paredes de las venas y arterias y que obstruye peligrosamente la circulación de la sangre

3. Aumenta el HDL que circula por la sangre sin adherirse y que se metaboliza en el hígado

Cantidad diaria recomendada

El Omega 3 se considera esencial, pues nuestro organismo no lo fabrica y debe obtenerlo a través de la dieta

Categoría	Edad	Gramos/día
Bebés	0,5-1	0,5
Niños/as	1-3	0,7
Chicos	4-10	1,0
Hombres	11-14	1,0
Chicas	+15	1,5
Mujeres	11-14	1,0
Embarazadas/ lactantes	+15	1,0

Fuente: Nature / Universidad de Pittsburg

¿Qué son?

Son ácidos grasos esenciales que se encuentran en alta proporción en los tejidos de algunos pescados

Fuentes naturales de omega 3

Pescados azules, como la sardina, que tiene una relación de 7 a 1 entre omega-3 y omega-6

Las mejores alternativas en el mundo vegetal son **el lino** y las **semillas de calabaza**

Beneficios del omega 3 en el sistema cardiovascular

Estos ácidos grasos actúan de forma protectora en distintos ámbitos:

1. Efecto antitrombótico, gracias a su acción sobre la agregación plaquetaria

2. Reducen la aparición de arritmias, porque ayudan a prevenir la taquicardia ventricular

3. Aumenta el llamado colesterol bueno, lo que actúa como agente protector, y disminuye el conocido como malo, considerado un importante factor de riesgo

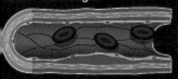

4. Disminuyen la adhesividad vascular incrementando los mecanismos de relajación de los pequeños vasos

Infografía LA RAZÓN

COTO ANTE EL POSIBLE DESARROLLO DE LA DEGENERACIÓN MACULAR

Ya se ha dicho que los Omega-3 representan un papel protagonista en la salud ocular general y en concreto se ha demostrado que su consumo adecuado previenen el riesgo de padecer degeneración macular asociada a la edad (DMAE), una enfermedad que desgraciadamente afecta a una gran cantidad de personas y que en muchos casos deriva poco a poco hacia la ceguera.

INVESTIGACIONES EN MARCHA Y ESPERANZAS DE FUTURO

Alzheimer

Teniendo en cuenta que la composición de nuestro cerebro contiene alrededor de un 60% de ácidos grasos, es de todo punto evidente la importancia de que éstos sean de calidad apropiada y de que estén en la proporción debida, para garantizar el normal funcionamiento cerebral. La suplementación nutricional con Omega-3 ha arrojado resultados esperanzadores en el mejoramiento de la calidad general de vida de los enfermos de Alzheimer. Es probable que esto se deba a la mejor alimentación de las neuronas, la reducción de las inflamaciones cerebrales y la regeneración, en alguna medida, de las células nerviosas.

Esquizofrenia

Parece que los enfermos de esquizofrenia evidencian importantes déficits de Omega-3 en sangre y esto hizo pensar a algunos investigadores que la suplementación con Omega-3 podría resultar beneficiosa para estos pacientes. En distintas pruebas se ha podido comprobar que la acción de estos ácidos grasos disminuyó sustancialmente los síntomas depresivos, las alucinaciones, la apatía y los comportamientos inadaptados.

Dislexia

En los pacientes de dislexia se han constatado distintos síntomas clínicos (corroborados por pruebas bioquímicas) derivados de la deficiencia de ácidos grasos Omega-3. El tratamiento y suplementación con estas grasas produjo sensible mejoría en la visión y comprensión de estos enfermos.

Cáncer

Distintos estudios e investigaciones, aunque de extensión limitada, han hecho pensar que una ingesta suficiente o la suplementación con Omega-3 podría prevenir la aparición de ciertos tipos de cáncer, como los de pecho, próstata, pulmón, páncreas y colon.

Psoriasis

Esta enfermedad de la piel, crónica, recurrente y caracterizada por la formación de placas escamosas y rojizas en rodillas, codos, cuero cabelludo y otros puntos del cuerpo, además de las muchas molestias físicas que produce, conlleva un irracional rechazo social y un consiguiente aislamiento del paciente. Teniendo en cuenta que esta dermatosis está relacionada con una sensible perturbación del metabolismo de los ácidos grasos, los Omega-3 han demostrado una interesante eficacia en su tratamiento y se ha constatado que suplementando con ellos la dieta las crisis son menos violentas y más espaciadas, al tiempo que la piel mejora considerablemente su aspecto e incluso puede llegar a desaparecer. Sí es importante subrayar que para notar su eficacia las dosis de Omega-3 deben ser elevadas (unos 8 gramos diarios) y extenderse en el tiempo durante unos tres meses.

Otras enfermedades inflamatorias

El evidente potencial antiinflamatorio de los Omega-3, constatado en reumatismos y artritis, parece que podría extenderse a problemas directamente relacionados, como tendinitis, enfermedad de Crohn o rectocolitis hemorrágica, posibilitando la reducción de las prescripciones medicamentosas con corticoides.

Diabetes tipo 2

En la diabetes no insulinodependiente, normalmente asociada a la edad, la comunicación entre células, azúcar e insulina empieza a fallar y ésta última no consigue penetrar en las células. Este problema comunicacional podría empezar a solucionarse con suplementos de Omega-3, ya que éstos consiguen aumentar la permeabilidad de la membrana celular, facilitado el paso de la glucosa a través de la misma. También se ha comprobado que estos ácidos grasos ayudan a que el páncreas se recupere de su incansable trabajo en la fabricación de insulina y empiece a producir una hormona ineficaz a todas luces. Así, los Omega-3 mejorarían los parámetros de producción insulínica y con ello evitar los riesgos de problemas cardiovasculares que acarrea la diabetes.

Preeclamsia

En varios estudios clínicos se ha demostrado que los Omega-3 reducen drásticamente el riesgo de preeclamsia o toxemia del embarazo, una enfermedad que puede llegar a ser peligrosa si deriva en eclamsia, que acontece en el tercer mes de embarazo y que se caracteriza por la elevación de la tensión sanguínea y la retención de líquidos.

Lupus eritematoso

Los pacientes de esta enfermedad autoinmune no tienen en la actualidad más posibilidad de tratamiento que los esteroides, cuya eficacia es claramente limitada. No obstante, la suplementación con Omega-3 apunta interesantes posibilidades en la reducción y alivio de los síntomas de la enfermedad, y a la vez prevenir las afecciones de riñón que suelen acompañar al lupus.

Dismenorrea

Parece que existen bastantes evidencias respecto a los buenos efectos de los Omega-3 en la dismenorrea o menstruación dolorosa.

Protección ante la toxicidad de la ciclosporina

Varias investigaciones han evidenciado que la suplementación con Omega-3 mejora la función renal y alivia la presión sanguínea en los pacientes que toman ciclosporina (Neoral), tras un trasplante de corazón o riñón.

DEFICIENCIAS DE OMEGA-3

Los déficits de Omega-3 afectan a todas las células del organismo y se asocian a enfermedades cardiacas, riesgo de desarrollo de determinados tipos de cáncer, problemas con un componente inflamatorio (artritis, alergias, psoriasis, eczema, enfermedad de Crohn, etc), y trastornos mentales y comportamentales (depresión, demencia, ansiedad, hiperactividad, etc), aunque uno de los principales problemas de déficit de Omega-3 es el inadecuado desarrollo cerebral y de las funciones visuales en el feto y durante los primeros meses de vida.

Efectos secundarios y contraindicaciones

No existe evidencia de efecto secundario alguno para el consumo de Omega-3, pero debe evitarse o controlarse su ingesta si se están tomando productos que fluidifican la sangre como el ajo o el ginkgo biloba, ya que unir los mismos efectos fluidificantes podría resultar peligroso.

Interacción con medicamentos

Por la misma razón, no deben tomarse sin consultar al especialista, ácidos grasos Omega-3 cuando se recibe medicación con fármacos fluidificantes de la sangre, como la aspirina, la warfarina (Coumadin) o la heparina; el acenocumarol (Sintron); medicamentos antiplaquetarios como el clopidogrel (Plavix); y antiinflamatorios no esteroideos como el ibuprofeno (Motriz, Advil) o el naproxeno (Naprosyn).

Fuentes naturales de Omega-3

La principal fuente de Omega-3 es, sin duda, el pescado azul, aunque como luego se verá, hay que atender a determinadas consideraciones, derivadas de la contaminación de los mares, que, a través de la cadena trófica, acabará pasando a la carne de los peces, y, después, al organismo humano.

El listado de especies, de mayor a menor contenido en Omega-3:

1. Arenque
2. Caballa
3. Sardina
4. Sardinas de lata en aceite de oliva
5. Jurel
6. Boquerón

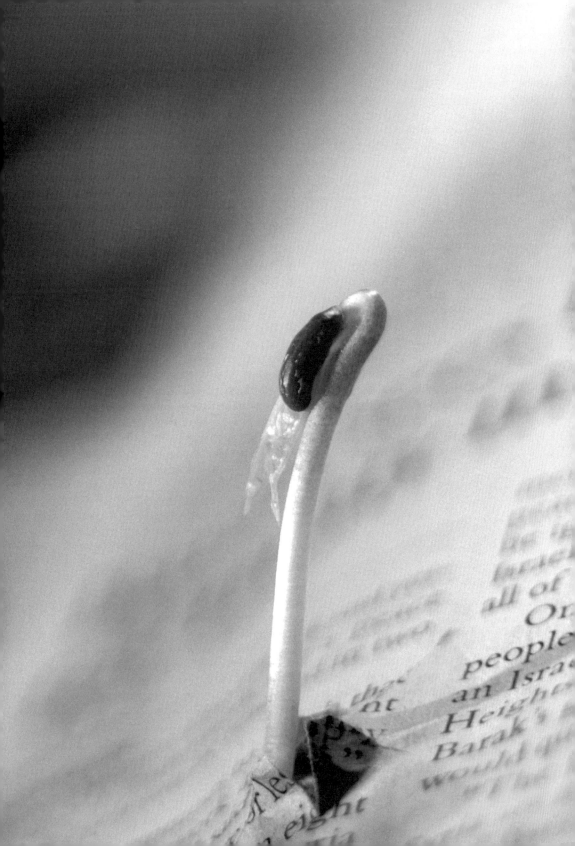

Atención a los contaminantes

Entre finales de los años noventa del pasado siglo y principios de éste, la FDA (Food and Drug Administration) norteamericana, la OMS (Organización Mundial de la salud) y distintas agencias nacionales de seguridad alimentaria (entre ellas la Autoridad Europea de Seguridad Alimentaria, EFSA) han advertido de la presencia de trazas de mercurio y otros metales pesados en los grandes peces, especialmente en las especies altamente predadoras, como el tiburón, el pez espada o emperador, la melva, el atún, el bonito y la caballa, por lo que se recomienda no consumir estas especies más de dos veces al mes, y optar por los peces pequeños (sardina, boquerón, jurel) en la dieta cotidiana.

También hay que tener en cuenta algunas cuestiones, como que el atún de lata contiene entre tres y siete veces más mercurio que el fresco y que las conservas "al natural", en agua, además de que apenas contienen Omega-3 (que se ha evaporado en el proceso) están más contaminadas que las conservas en aceite. Otro dato a considerar, por ejemplo, es que el salmón ahumado, no sólo contiene mucho menos Omega-3 que el fresco, sino que además es muy rico en sal, con lo que prácticamente queda anulado su potencial beneficio cardiovascular. Finalmente, hay que hacer notar que si la conserva se hace en aceite de oliva de calidad, los Omega-3 quedan aprisionados e intactos, por lo que la lata de sardinas que durante muchas décadas formó parte de nuestra dieta cotidiana, es algo que debemos recuperar con entusiasmo.

El mercurio llega al mar, fundamentalmente, como resultado de contaminación aérea originada por la combustión de carburantes fósiles, especialmente en las centrales térmicas de carbón, y, en alguna medida, desde las erupciones de volcanes submarinos. Este mercurio, convertido en metil mercurio, junto a otros metales pesados, como el plomo y el cadmio, y otros contaminantes tóxicos, como las dioxinas y los bifenilos policlorados (PPC), pasan a la cadena alimentaria y una vez instalados en la carne del pescado no pueden eliminarse, de forma que se va acumulando, para, en algún momento, pasar al organismo humano.

El consumo de pescado con estimables contenidos de mercurio puede acarrear trastornos en el desarrollo del feto y el recién nacido, en madres gestantes o en periodo de lactancia, y en casos de contaminación masiva, como la que hace décadas aconteció en los lagos canadienses y en algunas bahías del Japón, acarrea la llamada enfermedad de Minamata, un síndrome neurológico grave y permanente.

7. Salmón
8. Atún
9. Melva
10. Ostras
11. Mejillones
12. Cangrejo de mar
13. Gambas
14. Pez espada
15. Bogavante

LA LIMITACIÓN DE LOS ALIMENTOS ENRIQUECIDOS

Actualmente el mercado ofrece una enorme cantidad de productos enriquecidos con Omega-3, pero no es oro todo lo que reluce. De un lado porque muchos no contienen una cantidad de éstos que pueda considerarse como dosis mínima eficaz, y de otro, porque no es raro que en el producto vayan acompañados de grasas saturadas o hidrogenadas (las tristemente famosas grasas "trans"), que son auténticas bombas para la salud cardiovascular. Por todo ello conviene leer con mucha atención el etiquetado y el balance de componentes de cada producto.

LA GRAN ALTERNATIVA DEL MAMÍFERO MARINO

Pasó mucho tiempo desde que Ralf Norman hiciera sus hallazgos sobre la alimentación de los inuit, allá por los años ochenta del pasado siglo, hasta que se descubrió que lo sustancial de su dieta no era el pescado, como se había dado por sentado, sino la foca groenlándica. En realidad, y aunque sin perder de vista los beneficios nutricionales y terapéuticos del pescado azul, lo que de verdad protegía a los pueblos esquimales frente a ries-

UN ANÁLISIS DECEPCIONANTE

Hasta ahora, los análisis puntuales que se han realizado sobre productos enriquecidos, no han arrojado datos confortantes.

Un estudio realizado en laboratorio por *Consumer Eroski* y llevado a cabo con 15 alimentos enriquecidos con Omega-3 (lácteos, bebida de soja, galletas, huevos, aceites, aceitunas rellenas, y néctar de fruta), evidenció que el 25% de la muestra no contenía ni EPA ni DPA, sino alfa linoléicos, que aunque Omega-3, carecen de efectos protectores sobre el sistema cardiovascular; y que el 40% de los productos analizados ofrecían una cantidad de Omega-3 sensiblemente inferior a la que figuraba en las etiquetas.

gos cardiovasculares y otros procesos degenerativos era la grasa de las focas que consumían como base de su dieta.

Investigaciones posteriores constataron que esta grasa que el animal acumula bajo su piel para protegerse del frío ambiental y que le sirve de sustento en épocas de escasez de alimentos, contiene una gran cantidad de DPA, prácticamente inexistente o presente en muy pequeñas proporciones en el pescado azul.

La presencia del ácido docosapentaenoico o DPA presenta sustanciales ventajas en los complementos de Omega-3.

En primer lugar, y además de las propiedades citadas al principio (reducción de la agregación plaquetaria, disminución de la síntesis de sustancias proinflamatorias, freno en la formación de ateromas, y reducción de la intolerancia a la glucosa), el DPA es diez veces más efectivo que el EPA en la acción que lleva al aumento de la migración de las células endoteliales, para reparar las lesiones titulares de arterias y venas.

Por otra parte, los Omega-3 de la grasa de foca, al provenir de un mamífero, como nosotros, presentan una disposición estereoisómera prácticamente idéntica a la humana, lo que les hace más biodisponibles, facilitando su aprovechamiento y eficacia.

Además, el aceite de foca evidencia una pureza total, sin riesgo alguno de contaminación por metales pesados (mercurio, plomo, cadmio) o diazinas, como hipotéticamente podría ocurrir con los suplementos derivados del aceite de pescados de gran tamaño.

Por último, el Omega-3 derivado del aceite de foca carece prácticamente de colesterol en su composición, frente a un mínimo del 1,5% que contienen los procedentes de pescado.

En el mercado español existe un producto, *Más Omega*, que ostenta todos estos requerimientos y además está suplementado con vitamina E, lo que impide cualquier mínimo grado de oxidación del producto.

DOSIS DIARIA RECOMENDADA

Si no se padece una enfermedad concreta, la dosis de Omega-3, como suplemento, debería estar entre 1 y 1,5 gramos diarios, preferiblemente en ayunas.

REFERENCIAS

Berbert AA, Kondo CR, Almendra CL, et al. Supplementation of fish oil and olive oil in patients with rheumatoid arthritis. Nutrition 2005;21(2):131-136.

Bittiner SB, Tucker WF, Cartwright I, et al. A double-blind, randomised, placebo-controlled trial of fish oil in psoriasis. Lancet 2-20-1988;1(8582):378-380.

Bjorneboe A, Smith AK, Bjorneboe GE, et al. Effect of dietary supplementation with n-3 fatty acids on clinical manifestations of psoriasis. Br J Dermatol 1988;118(1):77-83.

Brouwer IA, Zock PL, Camm AJ, et al. Effect of fish oil on ventricular tachyarrhythmia and death in patients with implantable cardioverter defibrillators: the Study on Omega-3 Fatty Acids and Ventricular Arrhythmia (SOFA) randomized trial. JAMA. 2006 Jun 14;295(22):2613-9.

Burns CP, Halabi S, Clamon G, et al. Phase II study of high-dose fish oil capsules for patients with cancer-related cachexia. Cancer 7-15-2004;101(2):370-378.

Chan JK, McDonald BE, Gerrard JM, et al. Effect of dietary alpha-linolenic acid and its ratio to linoleic acid on platelet and plasma fatty acids and thrombogenesis. Lipids 1993;28(9):811-817.

Dry J, Vincent D. Effect of a fish oil diet on asthma: results of a 1-year double-blind study. Int Arch Allergy Appl Immunol. 1991;95(2-3):156-157.

Duffy EM, Meenagh GK, McMillan SA, et al. The clinical effect of dietary supplementation with omega-3 fish oils and/or copper in systemic lupus erythematosus. J Rheumatol. 2004;31(8):1551-1556.

Erkkila AT, Lichtenstein AH, Mozaffarian D, et al. Fish intake is associated with a reduced progression of coronary artery atherosclerosis in postmenopausal women with coronary artery disease. Am J Clin Nutr. 2004;80(3):626-632.

Fenton WS, Dickerson F, Boronow J, et al. A placebo-controlled trial of omega-3 Fatty Acid (ethyl eicosapentaenoic Acid) supplementation for residual symptoms and cognitive impairment in schizophrenia. Am J Psychiatry 2001; 158(12): 2071-2074.

Lim WS, Gammack JK, Van Niekerk J, et al. Omega 3 fatty acid for the prevention of dementia. Cochrane Database Syst Rev. 2006 Jan 25;(1):CD005379.

Mostad IL, Bjerve KS, Bjorgaas MR, et al. Effects of n-3 fatty acids in subjects with type 2 diabetes: reduction of insulin sensitivity and time-dependent alteration from carbohydrate to fat oxidation. Am J Clin Nutr. 2006 Sep;84(3):540-50.

Olsen SF, Secher NJ, Tabor A, et al. Randomised clinical trials of fish oil supplementation in high risk pregnancies. Fish Oil Trials In Pregnancy (FOTIP) Team. BJOG. 2000;107(3): 382-395.

Stoll AL, Severus WE, Freeman MP, et al. Omega 3 fatty acids in bipolar disorder: a preliminary double-blind, placebo-controlled trial. Arch Gen.Psychiatry 1999; 56(5): 407-412.

Su KP, Huang SY, Chiu CC, et al. Omega-3 fatty acids in major depressive disorder. A preliminary double-blind, placebo-controlled trial. Eur.Neuropsychopharmacol. 2003; 13(4): 267-271.

10

PROPÓLEO

Propóleos, Própolis

EL MEJOR ANTIBIÓTICO NATURAL

PROPIEDADES
1. Antibiótico
2. Antiviral
3. Inmunoestimulante
4. Cicatrizantes
5. Fúngico
6. Antiinflamatorio
7. Analgésico
8. Epitelializante
9. Anestésico

Un remedio inmemorial

El Propóleo o Própolis es un conjunto de sustancias resinosas, gomosas y balsámicas, de consistencia viscosa, que recogen las abejas (*Apis mellifera*) de distintas partes de los vegetales, para después modificar (mediante ceras y secreciones salivares) en el interior de la colmena y convertir en una sustancia que les protege eficazmente frente a bacterias, hongos y otros invasores. De su eficacia da idea el hecho de que aún cuando la colmena suele estar a una temperatura de entre 34º C-35º C, en teoría extremadamente favorable para la reproducción y proliferación de todo tipo de microorganismos, ésta se mantiene completamente estéril.

En la composición química del Propóleo se han encontrado más de 160 sustancias, de las cuales alrededor de la mitad son compuestos fenólicos, entre los cuales tiene especial importancia los flavonoides o materias colorantes, por su acción antiséptica. El principal interés del Propóleo como complemento alimenticio se debe a sus propiedades inmunoestimulantes, que aumentan la resistencia del organismo ante cualquier tipo de infección, y a sus propiedades antimicrobianas y bactericidas, proporcionadas por los ácidos benzoico, oxibenzoico, metoxibenzoico, cafeico, felúrico, junto a los sesquiterpenos y las flaconas, especialmente la galangina.

Los antiguos egipcios utilizaban el Propóleo como un componte fundamental de los ungüentos utilizados para conservar y momificar los cadáveres, quizá porque había comprobado que es más o menos habitual que dentro de las colmenas se encuentren cadáveres de ratones, mariposas, etc, perfectamente momificados y sin el más leve síntoma de putrefacción.

Los griegos clásicos le dieron similares usos y le otorgaron el nombre, compuesto de "pro", delante, y "polis", ciudad, habida cuenta de que las abejas usan el Propóleo para sellar los poros, quebraduras y juntas exteriores de sus colmenas. Aristóteles ya menciona esta sustancia en su historia de los animales y la considera como un buen remedio para las infecciones de la piel, las

llagas y las supuraciones. Galeno, en el siglo II y Avicena, en el XI, insisten en su potencial terapéutico y durante la Edad Media se usó profusamente en Europa para el tratamiento de las úlceras y llagas, pero desde principios del siglo XX, y con motivo de la guerra de los borres, en África del Sur, es cuando se popularizó a gran escala su gran poder cicatrizante en el tratamiento de las heridas infectadas.

A título anecdótico, las propiedades bactericidas del Propóleo fueron bien aprovechadas por los famosos liutai italianos de los siglos XVII y XVIII, para fabricar memorables instrumentos musicales.

MUY ÚTIL FRENTE A RESFRIADOS Y OTROS PROBLEMAS DE LAS VÍAS RESPIRATORIAS

Por su acción antibactericida y antiviral, el Propóleo se ha demostrado desde muy antiguo como un remedio eficaz, especialmente como complemento a otras terapias, frente a resfriados, gripe y otras dolencias de las vías respiratorias, como la tuberculosis pulmonar.

TRATAMIENTO PARA LOS PROBLEMAS BUCALES Y DE GARGANTA

Por las mismas razones terapéuticas, el Propóleo actúa como desinfectante, antiinflamatorio y analgésico en caso de anginas, faringitis, laringitis, aftas bucales y abcesos dentales.

Activa en dolencias de estómago y colon

La suplementación con Propóleo se ha mostrado de gran utilidad en el tratamiento de úlceras gástricas ocasionadas por la bacteria Hilicobacter pylori, así como en pacientes afectados por gastritis, diverticolitis, enfermedad de Crohn y diarrea de candidiosis intestinal.

Usos tópicos

Diluido en agua u otros solventes, el Propóleo se ha demostrado altamente eficaz en el tratamiento de problemas ginecológicos (cándidas, llagas uterinas, inflamaciones vaginales y picazones); en la lucha contra la micosis u hongos de la piel; en la curación de llagas y ulceraciones en personas que deben permanecer postradas mucho tiempo en cama; en el tratamiento del acné; en los sabañones; y en los casos de las ulceraciones irritativas de los dedos de las manos, conocidas popularmente como resultado de la alergia a los detergentes.

Investigaciones en marcha y esperanzas de futuro

Complicaciones de la córnea por zóster

Varias investigaciones apuntan a que las propiedades antivirales y antiflamatorias del Propóleo, podrían ser de utilidad en el tratamiento de las complicaciones en la cornea por zóster. Los enfermos a los que se les suministró el suplemento manifestaron una mejor apariencia y una curación más rápida.

Los productos de la colmena

infografía LA RAZÓN

Infecciones bucales por hongos

En algunos ensayos clínicos, extractos de Propóleo inhibieron la candidiasis oral en pacientes afectados, que usaban dentaduras postizas, que les había originado candidiasis por estomatitis protésica.

Dolencias reumáticas

La demostrada acción anttiflamatoria del Propóleo parece que explica su utilidad en el tratamiento de enfermedades reumáticas e inflamatorias, constatada en varios estudios clínicos.

EFECTOS SECUNDARIOS Y CONTRAINDICACIONES

El Propóleo puede acarrear efectos secundarios en todas aquellas personas que son alérgicas a las picaduras de las abejas y a los productos fabricados por estos insectos, (polen, miel, jalea real, etc.).

Su uso está contraindicado en pacientes con asma bronquial alérgica, ya que podría empeorar los síntomas.

INTERACCIÓN CON MEDICAMENTOS

Preparado en tintura con altos niveles de alcohol, el Propóleo puede provocar náuseas y vómitos si se toma junto a metronidazol (Flagyl) o disulfirán (Antabuse).

DOSIS DIARIA RECOMENDADA

Una dosis standard puede ser de 500 mg. Tres veces al día, en desayuno, comida y cena.

REFERENCIAS

Black RJ. Vulval eczema associated with propolis sensitization from topical therapies treated successfully with pimecrolimus cream. Clin Exp Dermatol 2005; 30(1): 91-92.

Borrelli F, Maffia P, Pinto L, et al. Phytochemical compounds involved in the anti-inflammatory effect of propolis extract. Fitoterapia 2002;73 Suppl 1:S53-S63.

Boyanova L, Derejian S, Koumanova R, et al. Inhibition of Helicobacter pylori growth in vitro by Bulgarian propolis: preliminary report. J Med Microbiol 2003;52(Pt 5): 417-419.

Crisan I, Zaharia CN, Popovici F, et al. Natural propolis extract NIVCRISOL in the treatment of acute and chronic rhinopharyngitis in children. Rom J Virol 1995;46(3-4): 115-133.

Eley BM. Antibacterial agents in the control of supragingival plaque—a review. Br Dent J 1999; 186(6): 286-296.

Santos VR, Pimenta FJ, Aguiar MC, et al. Oral candidiasis treatment with Brazilian ethanol propolis extract. Phytother Res. 2005 Jul;19(7):652-4.

Steinberg D, Kaine G, Gedalia I. Antibacterial effect of propolis and honey on oral bacteria. Am J Dent 1996;9(6): 236-239.

Vynograd N, Vynograd I, Sosnowski Z. A comparative multi-centre study of the efficacy of propolis, acyclovir and placebo in the treatment of genital herpes (HSV). Phytomedicine 2000; 7(1): 1-6.

11

Q-10

Co Q-10, Q-10, Vitamina 10

LA MULTIUBÍCUA SUSTANCIA VITAL

PROPIEDADES

1. Aumenta la energía vital y disminuye la sensación de cansancio físico.

2. Incrementa la fuerza cardiaca, protege frente a accidentes cardiovasculares y alivia la angina de pecho.

3. Actúa como antioxidante o antienvejecimiento y como desintoxicante, lo que influye positivamente en la longevidad.

4. Estimula el sistema inmune.

5. Previene o mejora las enfermedades periodontales, como piorrea o gingivitis.

6. Ayuda a perder peso de forma natural.

7. Contribuye a bajar la presión arterial alta.

UBICUA Y VITAL

La coenzima Q-10 fue aislada por primera vez en 1957 por el doctor norteamericano Fred Crane, quien inicialmente consideró la sustancia como de escasa importancia, pero no pasó mucho tiempo hasta que se comprobó que se trataba de un nutriente esencial para el correcto funcionamiento de las células. El investigador británico R. A. Morton la llamó inicialmente ubiquinona, por su condición de ubicua (está presente en todos los seres vivos y forma parte de todas las células del cuerpo humano), y por formar parte de las quinonas, un grupo específico de los compuestos orgánicos cíclicos. No es una vitamina, ni un mineral, ni un aminoácido, pero es un nutriente esencial para alimentar las células y para que éstas puedan rendir a nivel óptimo, e imprescindible en el mecanismo del metabolismo celular que convierte el alimento en energía.

El auténtico pionero en la investigación sobre Q-10 fue el profesor Kart Flokers, quien en 1986 fue galardonado con la prestigiosa medalla Priestley por su trabajos sobre las vitaminas B6 y B12, y al Q-10.

La cantidad de Q-10 en el organismo no es uniforme, sino que se concentra especialmente en aquellos órganos que requieren más energía para funcionar correctamente, como el hígado o el corazón.

ALIADA CONTRA EL ENVEJECIMIENTO

La Q-10 es un potente antioxidante liposoluble, que combate eficazmente los muy perniciosos efectos de los radicales libres sobre nuestro organismo (se supone que estos radicales libres están implicados en distintas enfermedades, como problemas cardiacos, artritis, cáncer, alergias, etc). Su acción va más allá de la de otros antioxidantes, como las vitaminas C y E (parece que la acción de la vitamina E no es específica, sino que interviene como material de construcción de la coenzima Q-10) o el selenio, ya que es capaz de penetrar en las mitocondrias, diminutas pero eficaces fábricas de energía de las células, donde se quema el oxígeno y se produce la adenosina trifosfato, el ATP, llamada por algunos "la molécula de la vida".

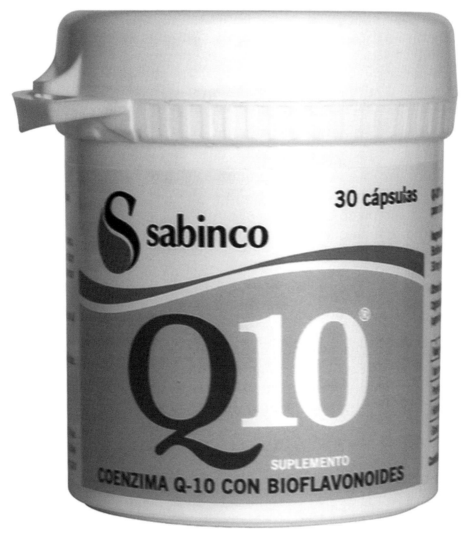

¿QUIÉN TEME A LOS RADICALES LIBRES?

Los radicales libres del cuerpo humano son el OH, que se genera en los procesos infecciosos, y el O2, que se forma en la práctica totalidad de las fases del metabolismo. Los radicales libres son capaces de provocar distintas reacciones en cadena, ya que cuando un radical ataca una célula, no solo la destruye sino que además genera nuevos radicales, capaces de destruir miles de otras moléculas. La única protección contra los radicales libres son los antioxidantes, pero su acción es distinta, ya que mientras la vitamina C disminuye la concentración de radicales en zonas acuosas y la vitamina E en zonas grasas, el betacaroteno es capaz de captar estos radicales, y la Coenzima Q-10 previene la creación y generación de los indeseables radicales libres.

CHISPA DE ENERGÍA Y VIGOR

Para que la mitocondria produzca eficientemente la energía que las células necesitan para realizar sus funciones vitales, necesita de la acción de la Q-10, ya que ésta actúa como la chispa o el detonador que inicia el proceso que hará funcionar los mecanismos mitocondriales.

VITAL PARA LA SALUD DEL CORAZÓN

Sin la adecuada acción de la Q-10, las células reciben un impulso energético deficiente que en primer lugar daña la función de órganos vitales como el corazón, que precisa de un continuo y fuerte aporte energético para realizar el correcto bombeo de la sangre.

Se ha demostrado que la mayoría de los pacientes de corazón presentan importantes deficiencias de Q-10, y que cuando se les suministran suplementos de esta coenzima se revitalizan las funciones del corazón, se alivian sustancialmente los síntomas de la insuficiencia cardiaca, se fortalece el corazón y se disminuye el esfuerzo necesario para bombear y hacer circular la sangre.

También se han evidenciado buenos resultados en el tratamiento con Q-10 en situaciones y problemas de obstrucción arterial por efecto del colesterol, hipertensión, arritmia, angina de pecho y prolapso de la válvula mitral.

Dentro de este apartado, cabe citar los beneficios que representa suplementar con Q-10 el tratamiento con fármacos convencionales, ya que las dosis de éstos pueden irse disminuyendo, para paliar sus efectos secundarios.

INMUNOPROTECTORA

Parece evidente que cuando los niveles de Q-10 son bajos, el sistema inmunitario se debilita y bajan las defensas, con lo que el organismo queda en situación de precariedad o inerme ante infecciones y agresiones bacterianas, virales, etc. Como ejemplo, se puede citar la gripe, una dolencia relativamente molesta, que se convierte en grave cuando afecta a personas debilitadas inmunológicamente, llegando a convertirse en neumonía o incluso provocar la muerte.

A diferencia de otros inmunoestimulantes, la Q-10 no actúa generando un mayor número de células y macrófagos, sino dotándolos de mayor y mejor energía.

SALUDABLE ADELGAZANTE

La deficiencia de Q-10 en el organismo enlentece el metabolismo y en consecuencia se queman menos calorías. En una investigación conjunta, y tras constatar que las personas obesas evidenciaban una deficiencia crónica de Q-10 (que en los tejidos tisulares podía llegar hasta el 50%), las universidades de Texas y Amberes demostraron que sus pacientes obesos perdían peso de forma natural y sin efectos secundarios, con tan solo añadir Q-10 a su dieta.

Parece que la Q-10 mejora el metabolismo de los lípidos, mejorando el control celular o metabólico del peso corporal, lo que hace que, siguiendo una dieta baja en calorías, se incremente notablemente el ritmo de pérdida de peso.

PROTECCIÓN PERIODONTAL

Los problemas periodontales (gingivitis y piorrea), cada vez más frecuentes en las sociedades desarrolladas, no sólo son la causa más frecuente de pérdida de dientes, sino que, además, pueden acarrear serios problemas, tales como dificultad o incapacidad para comer, que abre la puerta a la desnutrición, dolores agudos e incluso discriminación social asociada a la aparente falta de higiene bucal. Cada vez parece más evidente que las afecciones periodontales no se localizan en las encías, sino que afectan al conjunto del sistema inmunológico, y en este punto la Q-10 actúa como vigorizador y reenergizante local, como parte de un proceso general de mejora de la respuesta inmunitaria.

INVESTIGACIONES EN MARCHA Y ESPERANZAS DE FUTURO

Alzheimer

Algunos estudios parecen indicar que la administración de complementos de Q-10 harían reducir las demencias en estos pacientes.

Ataxia de Friedreich

Existen líneas que aportan esperanzas a través del tratamiento con suplementos de Q-10, en el tratamiento de este problema neurodegenerativo, de origen genético, que implica torpeza o pérdida de coordinación en dedos, manos, brazos o piernas.

Problemas espermáticos

Distintos estudios apoyan la idea de que la Q-10, al proteger a los espermatozoides contra los radicales libres, puede ser una valiosa ayuda en los casos de infertilidad masculina, debida a la pequeña cantidad de espermatozoides en la eyácula y la precaria motilidad de los mismos.

Insuficiencia renal

En los últimos años se han abierto líneas de investigación esperanzadoras en el tratamiento con Q-10 de la insuficiencia renal.

Migraña

Varios estudios sugieren la utilidad de Q-10 en la prevención y tratamiento de diferentes manifestaciones migrañosas.

Distrofia muscular

Parece claro que los pacientes que sufren esta dolencia mejoran notablemente su capacidad para el ejercicio físico, la función cardiaca y, muy especialmente, su calidad general de vida, cuando se le administran suplementos de Q-10.

Parkinson

Hay evidencias prometedoras del uso de Q-10 en pacientes afectados por la enfermedad de Parkinson.

Esclerosis lateral amiotrófica

Existen líneas de investigación que apuntan esperanzas en el tratamiento con Q-10 de esta enfermedad de la neurona motora (también llamada enfermedad de Lou Gehring), que se manifiesta en degeneración progresiva de las células nerviosas que instigan el movimiento.

Deficiencias de Q-10

La vida humana no sería posible sin Q-10. Parece comprobado que si la deficiencia de la coenzima fuera superior al 75%, el organismo entraría en situación de fallo multiorgánico y crisis irreversible. Cuando ese déficit supera el 25% de la cantidad considerada normal, aparece un grave riesgo de padecer subidas de la presión sanguínea, ataques cardiacos, problemas de inmunodeficiencia e incluso cáncer.

Se ha constatado que los niveles del Q-10 en el organismo bajan sustancialmente a partir de una barrera de edad que podría situarse alrededor de los cuarenta años.

También se evidencian bajos niveles de Q-10 en pacientes con afecciones cardiacas, distrofia muscular, Parkinson, cáncer, diabetes y VIH/SIDA.

Efectos secundarios y contraindicaciones

Los efectos secundarios de la Q-10 son muy infrecuentes y se limitan a náuseas pasajeras. No se ha podido constatar el menor efecto tóxico, ni en tratamientos con dosis muy altas; algo que se explica al tratarse de una sustancia que forma parte de la propia estructura biológica del organismo humano.

Interacción con medicamentos

Algunos medicamentos de uso relativamente frecuente, como antidiabéticos, ansiolíticos, antidepresivos tricíclicos, inhibidores de la reductasa (estatinas), antihipertensivos, diuréticos y otros, destruyen buena parte de esta coenzima presente en nuestras células.

Si se están tomando anticoagulantes, fármacos para el fallo cardiaco congestivo o trastornos hemorrágicos, es imprescindible consultar al especialista antes de tomar Q-10.

Fuentes naturales de Q-10

1. Soja
2. Brócoli
3. Vísceras animales (corazón, hígado y riñones)
4. Carne de vacuno
5. Germen de trigo
6. Aceite de hígado de bacalao
7. Sardina
8. Salmón
9. Cacahuete

Dosis diaria recomendada

No es posible obtener una dosis terapéutica de Q-10 en los alimentos, por lo que, en condiciones normales, se recomienda una suplementación de 60 mg diarios.

REFERENCIAS

Berman M, Erman A, Ben Gal T, et al. Coenzyme Q10 in patients with end-stage heart failure awaiting cardiac transplantation: a randomized, placebo-controlled study. Clin.Cardiol. 2004;27(5):295-299.

Burke BE, Neuenschwander R, Olson RD. Randomized, double-blind, placebo-controlled trial of coenzyme Q10 in isolated systolic hypertension. South Med J 2001;94(11):1112-1117.

Folkers K, Simonsen R. Two successful double-blind trials with coenzyme Q10 (vitamin Q10) on muscular dystrophies and neurogenic atrophies. Biochim.Biophys.Acta 5-24-1995; 1271(1): 281-286.

Gutzmann H, Hadler D. Sustained efficacy and safety of idebenone in the treatment of Alzheimer's disease: update on a 2-year double-blind multicentre study. J Neural Transm.Suppl 1998;54:301-310.

Hodgson JM, Watts GF, Playford DA, et al. Coenzyme Q(10) improves blood pressure and glycaemic control: a controlled trial in subjects with type 2 diabetes. Eur J Clin Nutr 2002;56(11):1137-1142.

Langsjoen H, Langsjoen P, Langsjoen P, et al. Usefulness of coenzyme Q10 in clinical cardiology: a long-term study. Mol.Aspects Med 1994;15 Suppl:s165-s175.

Lockwood K, Moesgaard S, Yamamoto T, et al. Progress on therapy of breast cancer with vitamin Q10 and the regression of metastases. Biochem Biophys.Res Commun. 7-6-1995;212(1):172-177.

Miyake Y, Shouzu A, Nishikawa M, et al. Effect of treatment with 3-hydroxy-3-methylglutaryl coenzyme A reductase inhibitors on serum coenzyme Q10 in diabetic patients. Arzneimittelforschung 1999;49(4):324-329.

Morisco C, Trimarco B, Condorelli M. Effect of coenzyme Q10 therapy in patients with congestive heart failure: a long-term multicenter randomized study. Clin Investig. 1993;71(8 Suppl):S134-S136.

Sacher HL, Sacher ML, Landau SW, et al. The clinical and hemodynamic effects of coenzyme Q10 in congestive cardiomyopathy. Am J Ther 1997;4(2-3):66-72.

Sander S, Coleman CI, Patel AA, et al. The impact of coenzyme Q10 on systolic function in patients with chronic heart failure. J Card Fail. 2006 Aug;12(6):464-72.

Sandor PS, Di Clemente L, Coppola G, et al. Efficacy of coenzyme Q10 in migraine prophylaxis: a randomized controlled trial. Neurology 2-22-2005;64(4):713-715.

Shults CW, Oakes D, Kieburtz K, et al. Effects of coenzyme Q10 in early Parkinson disease: evidence of slowing of the functional decline. Arch.Neurol. 2002;59(10):1541-1550.

Singh RB, Wander GS, Rastogi A, et al. Randomized, double-blind placebo-controlled trial of coenzyme Q10 in patients with acute myocardial infarction. Cardiovasc.Drugs Ther. 1998;12(4):347-353.

Soja AM, Mortensen SA. [Treatment of chronic cardiac insufficiency with coenzyme Q10, results of meta-analysis in controlled clinical trials]. Ugeskr.Laeger 12-1-1997; 159(49): 7302-7308.

12

TRIPTÓFANO

L-5-Hidroxitriptófano o 5-HTP, en su versión más eficaz

TRANQUILIZANTE, ANTIDEPRESIVO Y PRECURSOR DEL BIENESTAR Y LA FELICIDAD

PROPIEDADES

1. Actúa como antidepresivo.
2. Posee un efecto tranquilizante.
3. Ayuda a combatir la agresividad, derivada de la tensión nerviosa y la ansiedad.
4. Resulta muy útil para combatir el sobrepeso y la obesidad.
5. Mejora el insomnio.
6. Ayuda a la formación de la vitamina B3.

UN AMINOÁCIDO ESENCIAL E INDISPENSABLE

El Triptófano es un aminoácido aromático que forma parte de los 22 aminoácidos esenciales (aquellos que no produce el organismo y deben por tanto ser incorporados a través de la dieta), de los cuales ocho, entre ellos el Triptófano, son indispensables.

El Triptófano es el precursor de la serotonina, unos de los neurotransmisores más importantes del sistema nervioso humano, ya que, además de transmitir impulsos nerviosos de una célula a otra, representa un importante papel en el humor, la ansiedad, el sueño, el dolor, la conducta alimentaria y el placer sexual. Actúa

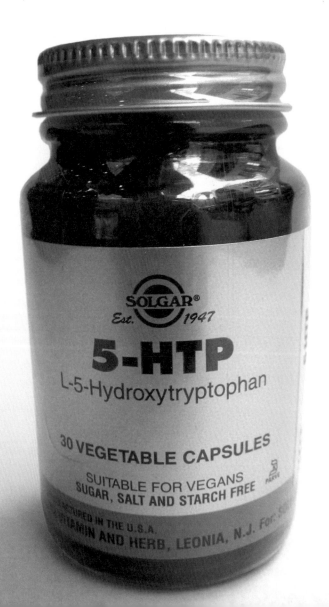

como sedante y antidepresivo, y su déficit ocasiona problemas de sueño, agresividad, depresión, ansiedad y migrañas.

UN ANTIDEPRESIVO NATURAL

La suplementación con Triptófano, al activar la serotonina cerebral, mejora sensiblemente el humor, el estado de ánimo y la capacidad personal para abordar los problemas cotidianos, con lo que se convierte en eficaz antidepresivo, sin el menor efecto secundario.

Conviene recordar aquí que la depresión y los estados depresivos ponen en marcha un mecanismo de acciones que provoca cambios en el apetito, modifica los patrones de sueño, incrementa la sensación de fatiga, desata la baja autoestima, aumenta el sentimiento de desesperanza, baja el grado de productividad y daña gravemente la relación social.

Muchos pacientes han encontrado en el Triptófano (especialmente en su versión 5-HTP) una alternativa natural y sin efectos secundarios al famoso Prozac. En cualquier caso, la sustitución de cualquier medicación antidepresiva por Triptófano debe hacerse de manera muy gradual y siempre bajo estricta supervisión del especialista.

ANSIOLÍTICO Y ANTIANSIEDAD

El efecto tranquilizante del Triptófano actúa como un verdadero ansiolítico y antiansiedad.

Un freno a la agresividad

Los ataques de agresividad suelen estar ocasionados por estados de gran tensión nerviosa y procesos de ansiedad. La suplementación con Triptófano ayuda notablemente a controlar esos síntomas y las situaciones de tensión emocional incontrolada que de ellos se derivan.

Herramienta contra el sobrepeso

El tratamiento con Triptófano resulta muy útil para combatir el sobrepeso y la obesidad, sobre todo en los casos, muy frecuentes, en los que existe, como en la bulimia, un componente de ansiedad. Para que una dieta de adelgazamiento llegue a tener éxito es fundamental controlar los ataques esporádicos de angustia que llevan a la ingestión incontrolada de alimentos y a dejar a un lado la prescripción calórica prevista.

Por otra parte, la serotonina que el Triptófano induce a producir, contribuye muy eficazmente a suprimir el deseo de consumir carbohidratos y dulcería, lo que redunda en una menor ingesta calórica.

Un remedio suave contra el insomnio

Tomado durante el día, el Triptófano ayuda a que, a la hora de ir a la cama, se disminuya notablemente el estado de latencia o tiempo que se tarda en conciliar el sueño.

Presente en la formación de la vitamina B3

En este punto, la ingesta adecuada de Triptófano también es muy importante, ya que contribuye a que se forme la vitamina B3 o niacina (de cada 60 mg. de Triptófano ingerido a través de la dieta,

el organismo elabora 1 mg. de niacina); una vitamina necesaria para la producción de energía en las células, el metabolismo de los ácidos grasos, la respiración de los tejidos, y la eliminación de toxinas.

INVESTIGACIONES EN MARCHA Y ESPERANZAS DE FUTURO

Diabetes

El Triptófano, al actuar como regulador y controlador del estrés, podría ayudar a los diabéticos, ya que se sabe que la insulina es una hormona que se ve inmediata y seriamente afectada por las alteraciones del sistema nervioso y las situaciones de estrés.

Dolores de cabeza y migrañas

Se ha comprobado que cuando los niveles de serotonina descienden los vasos sanguíneos se dilatan e hinchan, provocando dolores de cabeza de tipo tensional y migrañas. Desde esta perspectiva, la suplementación con Triptófano, al reactivar eficazmente la producción de serotonina cerebral, podría resultar muy útil para prevenir y combatir estas dolencias.

Hipertensión y uremia

Distintas investigaciones apuntan hacia el interés del Triptófano para el tratamiento de la hipertensión y la uremia. Por su reconocida capacidad para estimular la aldosterona, la renina y el cortisol, el Triptófano actuaría positivamente sobre los problemas de tensión arterial elevada y el exceso de urea en sangre, causado por una insuficiencia renal.

Manía

Algunos estudios parecen confirmar que, en el tratamiento de la manía, elación inapropiada o exceso de actividad, la suplementación con Triptófano puede ser tan efectiva como la del litio y aún más que la de la clorpromazina.

Deficiencias de Triptófano

En pacientes deprimidos y suicidas se han identificado déficits severos de Triptófano.

Los vegetarianos estrictos (que no consumen leche ni huevos) presentan serios déficits de Triptófano. También las personas sometidas a altos niveles de estrés y sobrecarga de trabajo intelectual.

La ataxia cerebelosa o pérdida de coordinación muscular debida a lesiones o enfermedades neurológicas, se ha relacionado con alteraciones y desórdenes en el metabolismo del Triptófano.

Los déficits de Triptófano y de magnesio, unidos, pueden provocar espasmos en las arterias coronarias.

Efectos secundarios y contraindicaciones

No se conocen efectos secundarios derivados de la ingesta de Triptófano.

Los pacientes que reciben medicación antidepresiva o tranquilizantes deben consultar a su médico antes de iniciar una suplementación de Triptófano.

Interacción con medicamentos

En caso alguno debe combinarse el Triptófano con medicamentos inhibidores de la monoamina oxidasa (MAO).

Fuentes naturales de Triptófano

El Triptófano es el aminoácido esencial menos abundante en los alimentos. No obstante, en cantidades significativas se encuentra en los siguientes alimentos:
1. Pollo.
2. Pavo.
3. Jamón
4. Leche.
5. Queso parmesano.
6. Pescado.
7. Huevos.
8. Anchoas saladas.
9. Cereales integrales.
10. Tofu de soja.
11. Pipas de calabaza.
12. Semillas de sésamo.
13. Nueces.
14. Cacahuetes.
15. Chocolate.

Uno de los alimentos especialmente ricos en Triptófano (sobre todo en 5-HTP, del que llegan a contener alrededor de un 15%) son las semillas de Griffonia simplicifolia, una leguminosa de origen oesteafricano.

Por otra parte, y como quiera que para que se produzca un correcto metabolismo del Triptófano es imprescindible que el organismo mantenga niveles adecuados de vitamina B6 y magnesio, conviene suplementar la dieta con alimentos que los contengan.

Vitamina B6
1. Germen de trigo.
2. Plátano.
3. Pavo.
4. Nueces.
5. Semillas de sésamo.
6. Pimientos.
7. Coles de Bruselas.
8. Coliflor.
9. Aguacate.

Magnesio
1. Cereales integrales.
2. Germen de trigo.
3. Nueces.
4. Pipas de calabaza.
5. Langostinos.
6. Bígaros.
7. Acelgas.
8. Tofu de soja.
9. Albaricoques secos (orejones).

Dosis diaria recomendada

Como dosis normal se recomienda tomar diariamente dos cápsulas de 650 mg.

Es muy importante tomar el Triptófano media hora antes de las comidas o entre horas, ya que de otra forma sólo actuaría como simple aminoácido o proteína y no realizaría la beneficiosa función sobre el sistema nervioso que se pretende.

La mejor presentación de suplementos de Triptófano es el 5-hidroxitriptófano o 5-HTP, ya que puede atravesar la barrera hemato-encefálica y permitir al cerebro producir más cantidad de serotonina.

REFERENCIAS

Brown RR. Tryptophan metabolism: A review. En: Kochen W, Steinhart H. L-Trypto-phan Current Prospects in Medicine and Drug Safety. New York: Warter de Gruyter, 1994; 17-30.

Brown RR, Ozaki Y, Datta SP, Borden EC, Sondel PM, Malone DG. Implications of interferon-induced tryptophan catabolism in cancer, auto-immune disease and AIDS. Adv Exp Med Biol 1991; 294: 425 - 435.

RodweII Víctor W. Catabolismo de los esqueletos de carbono de aminoácidos. En: RodweII V, Martín D, Mayes P. Bioquímica de Harper. México D.F: El Manual Moderno, S.A. de C.V, 1992; 286-309.

Brown RR, Fissette PL, Ared RA, Ozaki Y. Tryptophan metabolism and immune markers in eosinophilia-myalgia syndrome associated with tryptophan ingestión. Advances in Tryptophan Research 1992; 337-346.

Widner B, Ledochowski M, Fuchs D. Interferon g-induced tryptophan degradation: Neuropsychiatric and immunological consequence. Curr Drug Metab 2000; 1:193-204.

Munn D, Shafizdeh E, Affwood J, Bondarey I, Pashine A, Mellor A. Inhibition of T cell proliferation by macrophages tryptophan catabolism. J Exp Med 1999; 189:1363-1372.

Fujigaki S, Saito K, Sekikawa K, et al. Lipopolysaccharide induction of indoleamine 2,3 dioxigenase is mediated dominantly by an IFN-g independent mechanism. Eur J Immunol 2000; 31:2313-2318.

Brown RR, Lee CM, Kohler PC, Hank JA, Storer BE, Sondel PM. Altered tryptophan and neopterin metabolism in cancer patients treated with recombinant inter-leukin - 2. Cancer Res 1989; 49:4941 - 4944.

9. Musso T, Gusella GL, Brooks A, Longo DL, Varesio L. Interleukin—4 inhibits indoleamine 2,3-dioxigenase expression in human monocytes. Blood 1994; 83, 5:1408 - 1411.

Varesio L, Clayton M, Blasi E, Ruffman R, Radzioch D. Picolonic acid, a catabolite of tryptophan, an the second signal in the activation of IFN-g- primed macrophages. J Immunol 1990; 145:4265-4271.

Sternberg EM, Trial J, Parker CW. Effect of serotonin on murine macrophages: suppression of I-A expression by serotonin and its reversal by 5-HT2 serotoner-gic receptor antagonists. J Immunol 1986; 137:276- 282.

Hwu P, Du M, Lapointe R, Do M, Taylor MW, Young H. Indoleamine 2,3- dioxyge-nase production by human dendritic cells results in the inhibition of T cell proliferation. J Immunol 2000; 164:3596 - 3599.

Banchereau J, Stenman RM. Dendritic cells and the control of immunity. Nature 1998; 392:245-252.

Grant R, Nait H, thuruthyil S. Induction of indoleamine 2-3 dioxigenase in primary human macrophages by human immunodeficiency virus type 1 is strain depend-ent. J Virol 2000; 4110- 4115.

Schwartz R. Modeis of T cell anergy: is there a common molecular mechanism? J Exp Med 1996; 184:1 -8.

Munn DH, Pressey J, Beall AC, Mudes R, Alderson MR. Selective activation-induced apoptosis of peripheral T cells imposed by macrophages: a potential mechanism of antigen-specific peripheral lymphocyte deletion. J Immunol 1996; 156:523-532.

Tafuri A, Alferink J, Moller P, Hammerling GJ, Arnold B. T cell awareness of paternal alloantigens during pregnancy. Science 1995; 270:630-632.

Munn DH, Zhou M, Attwood JT, Bondarev I, Conway SJ, Marshall B, Brown C, Mellor A. Prevention of allogenic fetal rejection by tryptophan catabolism. Science 1998; 281:1191 - 1193,

Suzuki S, Tone S, Takikawa O, Kubos T, Kohno I, Minatogawa Y. Expression of indoleamine 2,3-dioxygenase and tryptophan 2,3- dioxygenase in early concepti. Biochem J 2001; 355 :425-429.

Mellor AL, Munn DH. Tryptophan catabolism prevents maternal T cells from activating letal anti-fetal immune responsos. J Reprod Immunol 2001:52:5-13.

King A, Burrows T, Loke YW. Human uterine natural killer cells. Nat Immunol 1996; 15:41-52.

Higuchi K, Aoki K, Kimbara T, Hosoi N, Yamamoto T, Okada H. Suppression on natural killer cell activity by monocytes following immunotherapy for recurrent spontaneous aborters. Am J Reprod Immunol 1995:33:221-227.

Kyaw Y, Hasegawa G, Takatsuka H, et al. Expression of macrophage colony-stimulating factor, scavenger receptor, and macrophage proliferation in the mouse uterus. Arch Histol Cytol 1998; 61, 5:383 - 393.

De Mamata, Wood GW. Analysis of the number and distribution of macrophages, lymphocytes and granulocytes in the mouse uterus from implantation through parturition. J Leukoc Biol 1991; 50:381-392.

Croy A, Ashkar A. Interferon y contributes to the normalcy of murine pregnancy. Biol Reprod 1999; 61:493-502.

13

UÑA DE GATO

Uncaria tomentosa, Cat's Claw, Kallendorn, Garabato amarillo

INMUNOESTIMULANTE Y REMEDIO PARA DOLORES ARTICULARES Y REUMÁTICOS, ARTRITIS Y OSTEOARTRITIS

PROPIEDADES

1. Antiinflamatoria
2. Tratamiento de síntomas de la menopausia
3. Inmunoestimulante
4. Antiviral

UNA PANACEA QUE SE OCULTABA EN LA SELVA AMAZÓNICA

Desde hace siglos, los indígenas de la selva peruana, especialmente los miembros de las tribus llanezas y asháninkas (poblaciones radicadas en el triángulo geográfico que forman los ríos Pichis-Palcázu y Perené-Tambo), utilizaban la Uña de gato para tratar el asma, los abscesos, el dolor articular, la fiebre, las hemo-

Un descubrimiento muy reciente

La Uña de gato no fue descrita como especie botánica hasta 1930 y aún hubo que esperar otras dos décadas para que el naturalista alemán Arthur Brell, tras su llegada a la selva amazónica peruana y pronto establecido como próspero cafetalero en Chanchamango, observó que los aborígenes, a pesar de que vivían permanentemente entre densas humaredas de fogatas, asaban al carbón todos sus alimentos y en consecuencia absorbían una gran cantidad de elementos potencialmente cancerígenos, jamás padecían cáncer. Brell dedujo que tales procesos debían estar ligados a una poderosa acción inmunológica que les protegía. El naturalista ya había experimentado con la Uña de gato para aliviar sus antiguas dolencias reumáticas y además había notado que su piel mejoraba ostensiblemente, al tiempo que le crecía el cabello. Pero la prueba de fuego se produjo cuando otro colono amigo suyo, Óscar Schuler, desahuciado por la ciencia médica a causa de un cáncer de pulmón, le pidió ayuda. Tras años tomando tisanas de Uña de gato, y ante la incredulidad y asombro de los médicos que le habían tratado, quedó restablecido por completo. Hasta su muerte, acaecida a los ochenta y tantos años y por causa ajenas al cáncer, Schuler siguió trabajando con sus hijos en su aserradero de Villa Rica y de cuando en cuando se fumaba un cigarro de su propio tabaco.

Probablemente e independientemente del benéfico efecto de la Uña de gato, tras el aparente "milagro" había un diagnóstico inicial equivocado, pero la llamada de atención al mundo científico se había producido.

rragias, la úlcera gástrica, las alergias, la diarrea, las irregularidades menstruales, el reumatismo, las afecciones dérmicas, y todo tipo de infecciones. La Uña de gato o Uncaria tomentosa es una liana o parra (puede llegar a medir hasta veinte metros, ya que se enreda en los árboles), con espinas curvadas y de ahí el nombre de "Uña de gato", que crece en las selvas lluviosas de la amazonía peruana y en la que se han encontrado medio centenar de componentes, quince de los cuales se han identificado como nuevos compuestos. En las hojas están presentes distintos alcaloides, mientras que en el tallo y la corteza, además de estos mismos alcaloides, hay compuestos del isopentano y glicósidos, que, al menos en teoría, podrían ser de utilidad y ayuda en el tratamiento de enfermedades como artritis, dolores reumáticos, resfriados, sinusitis, conjuntivitis, hemorroides, colitis, sida, herpes, procesos tumorales, lupus, gastritis, fatiga crónica, acné, depresión orgánica, ateroesclerosis, trombosis, tromboflebitis, síntomas premenopáusicos, etc.

EFICAZ ANTIINFLAMATORIO

Debido a la acción de los heteróxidos del ácido quinóvico y las proantocianidinas, compuestos que intervienen decisivamente en la actividad antiinflamatoria, la Uña de gato se ha revelado como interesante tratamiento en la artritis reumatoide, bursitis, dolores reumáticos, reumatismo extra-articular, osteoartritis, lupus y fribromialgia. Todo apunta a que la Uña de gato podría neutralizar el efecto de sustancias orgánicas con actividad oxidante, a la vez que inhibe la expresión de determinados genes inducibles durante el proceso inflamatorio.

PROTAGONISTA EN CONGRESOS Y HEREDERA DE LA QUININA

Los primeros análisis sobre el contenido de alcaloides de esta planta se realizaron, en 1976, en el departamento de Farmacología de la Universidad romana de San Marcos, tras haber tenido conocimiento del caso de Óscar Schuler, curado de un cáncer aparentemente terminal, bebiendo a diario y durante dos años tisanas de Uña de gato. Nuevamente en Italia, esta vez en Salerno y en 1992, se celebró el "Primer congreso Italo-Peruano de Medicina Tradicional Andina Antonio Raimundi" y en sus sesiones Livia Bianchi, investigadora del Instituto General de la Universidad de Pavía, planteó, como conclusiones de sus estudios, que los compuestos presentes en la Uña de gato, combatían eficazmente los radicales libres, lo que explicaría sus acciones antiinflamatoria, antitumoral y antimutágena. Pero fue dos años después cuando la Uña de gato recibió el espaldarazo decisivo.

Durante la "Primera Conferencia Internacional sobre Uncaria tomentosa", auspiciada por la Organización Mundial de la Salud (OMS) y celebrada en Ginebra en el año 1994, la constatación, a través de los numerosos estudios presentados, de que sus alcaloides podían aumentar la inmunidad hasta en un 50% y de que algunos de ellos manifestaban efectos frente a la leucemia, tumores, úlceras, infecciones y artritis, hizo que la gran mayoría de los ponentes de que después del descubrimiento de la quinina, ninguna planta de la selva húmeda había despertado tanto interés científico y creado tantas expectativas para la salud.

LENITIVO MENOPÁUSICO

Gracias precisamente a su potencial antiinflamatorio, la Uña de gato resulta muy eficaz en el tratamiento de síntomas pre y pos menopaúsicos, que redundan en inflamaciones óseas y a niveles uterino o pelviano.

Activadora, reforzadora y moduladora del sistema inmunitario

Gracias, fundamentalmente, a la acción de sus alcaloides isomitrafilina y pteropodina, la Uña de gato hace que aumente la actividad fagocítica de los granulocitos neutrófilos y macrófagos, al tiempo que estimula las linfoquinas y hace crecer el número de monolitos en fases activas en la circulación periférica. Todo ello la convierte en herramienta de gran interés para prevenir todo tipo de infecciones, y en el tratamiento paliativo de la candidiasis, sida y sarcoma de Kaposi.

Acción antivírica

La Uña de gato se ha mostrado singularmente eficaz frente a infecciones provocadas por ARN virus encapsulados, por lo que se manifiesta sumamente interesante en la prevención y tratamiento sintomático de resfriados, gripe, herpes, sinusitis, otitis y conjuntivitis.

Investigaciones en marcha y esperanzas de futuro

Cáncer

La acción de uno de los alcaloides presentes en la Uña de gato, la isorincofilina, podría inhibir las ADN polimerasas alfa y reducir la mitosis de células HL, sin alterar los fibroblastos normales, lo que unido a su eficacia frente a los radicales libres, podría resultar de gran ayuda en el tratamiento de procesos cancerosos, evitando las metástasis.

Problemas del aparato digestivo

Algunas investigaciones y estudios clínicos apuntan el interés del uso de Uña de gato como desintoxicante y resolutiva del tracto digestivo, lo que la convertiría en útil herramienta en problemas como diverticulitis, enfermedad de Crohn, colitis, hemorroides, gastritis, úlceras y otras alteraciones del tracto intestinal.

Preventivo cardiovascular

La rincofilina de la Uña de gato parece que actúa como antiagregante plaquetario, y, en consecuencia, resultaría un interesante preventivo de la ateroesclerosis, hipertensión, ataques cardiacos, apoplejía, trombosis, tromboflebitis, etc.

Desintoxicante de toxinas medioambientales

Algunos estudios sugieren un creciente interés del tratamiento con Uña de gato en problemas relacionados con la contaminación medioambiental, como la fatiga crónica, la depresión orgánica o el acné.

Efectos secundarios y contraindicaciones

A dosis normales, la Uña de gato no ha manifestado efecto secundario alguno, pero a dosis muy altas podría en algún caso producir trastornos digestivos (como gastralgias, gastritis, úlcera péptica o estreñimiento), endocrinos (disminución de los niveles de estradiol y progesterona) o insuficiencia renal.

El uso de Uña de gato sí está contraindicado en casos de úlcera péptica, como consecuencia del efecto ulcerogénico de sus taninos; en personas con problemas de gastritis, por la misma razón anterior; durante el embarazo, ya que sus efectos antiestrogénico y antiprogestágeno, podría inducir la posibilidad de abortos espontáneos; y durante el periodo de lactancia, puesto que sus alcaloides podrían filtrarse a la leche de la madre y producir efectos no deseados en el bebé.

Tampoco debieran tomar Uña de gato aquellas personas que padecen desórdenes autoinmunes, como esclerosis múltiple.

INTERACCIÓN CON MEDICAMENTOS

Aunque la Uña de gato no interacciona gravemente con medicamento alguno, conviene no usarla cuando se están tomando antihistamínicos o antiácidos, ya que estos fármacos prácticamente anulan la absorción de los beneficiosos alcaloides de la planta.

Por otra parte, conviene consultar con el especialista en casos de medicación con lovastatina (Mecavor), cetoconazol (Nizoral), itraconazol (Sporanox), fexofenadina (Allegra) o triazolam (Halcion).

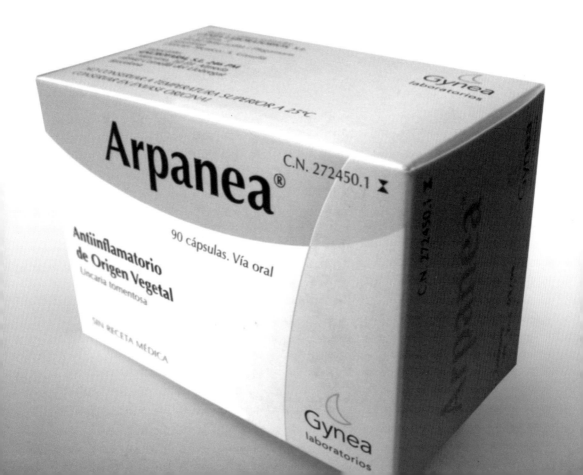

DOSIS DIARIA RECOMENDADA

En primer lugar, es muy importante comprobar que el fabricante especifica la procedencia de Uncaria tomentosa, ya que en el mercado existen extractos de otras variedades, como la Uncaria guiannesis, que, aunque también conocidas como Uña de gato, son sustancialmente menos eficaces, debido a que comparten varios pero no todos las alcaloides presentes en la verdadera Uña de gato.

La dosis diaria recomendada varía, según los casos entre los 250 mg, y el gramo diario, y debe tomarse siempre después de las comidas; con el estómago lleno.

REFERENCIAS

Phillipson JD, Hemingway SR, Ridsdale CE: Alkaloids of Uncaria. Part V. Their occurrence and chemotaxonomy. Lloydia, 1978; 41:503-570

Ridsale CE: A revision of Mitragyna and Uncaria (Rubiaceae). Blumea, 1978;24:43-100

Sturm S, Stuppner H, Burger A: Uncaria-tomentosa-Wurzelrinde. W: Hagers Handbuch der Pharmazeutischen Praxis (red: Blaschek W, Haensel R, Keller F, Reichling J, Rimpler H, Schneider G), Springer-Verlag, Germany, cz II, str. 706-710

Laus G, Teppner H: The alkaloids of Uncaria rhynchophylla (Rubiaceae-Coptosapelteae). Phyton (Austria), 1996;36:185-196

Keplinger K, Laus G, Wurm M et al: Uncaria tomentosa (Willd.) DC.-ethnomedicinal use and new pharmacological, toxicological and botanical results. J Ethnopharmacol, 1999;64:23-34

Reinhard KH: Uncaria tomentosa (Willd.) D.C.: catÕs claw, u–a de gato, or saventaro. J Altern Complement Med, 1999, 5:143-151

Laus G, Keplinger K: Radix Uncariae tomentasae (Willd.) DC. Eine monographische Beschreibung. Z Phytother, 1997; 18:122-126

Reinhard KH: Uncaria tomentosa (Willd.)DC. – CatÕs Claw, U–a de Gato oder Katzenkralle. Z Phytother, 1997; 18:112-121

Montesinos FA, Fuentes FP: Aspecto fisico-quimico, farmacologico y terapuetico de Uncaria tomentosa Wild (u–a de gato). Bol Soc Quim Peru, 1995;61:55-70

Obregon Vilches LE: „U–a de GatoÓ „ CatÕs ClawÓ. Genero Uncaria. Estudios botanicos, quimicos y farmacologicos de Uncaria tomentosa y Uncaria gianensis. Instituto de Fitoterapia Americano, Lima 1997

British Herbal Pharmacopeia, 1989, Bournamouth, British Herbal Midicine Association, 255

American Herbal Pharmacopeia, HerbalGram, 1997;40

Kohlmunzer S: Farmakognozja. Wyd. V, Wydawnictwo Lekarskie PZWL, Warszawa, 1998

Hemingway SR, Phillipson JD: N-oxides isolated during the alkaloid screening of Uncaria species. J Pharm Pharmacol, 1972;24(Suppl):169p-170

Hemingway SR, Phillipson JD: Alkaloids from S. American species of Uncaria (Rubiaceae). J Pharm Pharmacol, 1974;26(Suppl):113P

Phillipson JD, Hemingway SR: Proceedings: Uncaria species as sources of the alkaloids gambirine and the roxburghines. J Pharm Pharmacol, 1973;25(Suppl):143p

Phillipson JD, Hemingway SR: Chromatographic and spectroscopic methods for the identification of alkaloids from herbarium samples of the genus Uncaria. J Chromatogr, 1975; 105:163-178

Laus G, Grössner D, Keplinger K: Alkaloids of Peruvian Uncaria tomentosa. Phytochemistry, 1997;45:855-860

Aquino R, De Feo V, De Simone F et al: Plant metabolites. New compounds and anti-inflamatory activity of Uncaria tomentosa. J Nat Prod, 1991;54:453-459

Montenegro de Matta S, Delle Monache F, Ferrari F, Marini-Bettolo GB: Alkaloids and procyanidins of an Uncaria sp. from Peru. Farmaco Sci], 1976, 31:527-535

Alvarez CM, Sanchez O, Stilke R et al: Algunos constituyentes de Uncaria guianensis. Rev de Quimica, 1988, 11:99-104

Wagner H. Kreutzkamp B, Jurcic K: Die Alkaloide von Uncaria tomentosa und ihre Phagozytose-steigemde Wirkung. Planta Med, 1985;51:419-423

Wagner H, Proksch A, Vollmar A et al: In-vitro-Phagozytose-Stimulie-rung durch isolierte Pflanzenstoffe gemessen im Phagozytose-Chemo-lumineszenz-(CL)-Modell. Planta Med, 1985; 51:139-144

Laus G, Brössner D, Senn G, Wurst K: Analysis of the kinetics of isomerization of spiro oxindole alkaloids. J. Chem Soc Perkin Trans 2, 1996;1931-1936

Lee KK, Zhou B-N, Kingston DGI et al: Bioactive indole alkaloids from the bark of Uncaria guianensis. Planta Med, 1999, 65:759-760

Seki H, Takayama H, Aimi N et al: A nuclear magnetic resonance study on the eleven stereoisomers of heteroyohimbine-type oxindole alkaloids. Chem Pharm Bull, 1993; 41:2077-2086

Raymond-Hamet M: R Soc Biol, 1934;115:255

Raymond-Hamet M: Arch Int Pharmacodyn, 1941;66-330

Raymond-Hamet M: Sur lÕalcaloide principale dÕune Rubiaceae des regions tropicales de lÕAmerique de Sud, lÕOurouparia guianensis Aublet. Compt Rend Hebd Seanc Acad Sci Paris, 1952;235:547

Lemaire I, Assinewe V, Cane P et al: Stimulation of interleukin-1 and -6 production in alveolar macrophages by the neotropical liana, Uncaria tomentosa. J Ethnopharmacol, 1999;64:109-115

Laus G, Keplinger D: Separation of stereoisomeric oxindole alkaloids from Uncaria tomentosa by high performance liquid chromatography. J Chromatogr (A), 1994;662:243-249

Lavault M, Moretti C, Bruneton J: Alcaloides de LÕUncaria guianensis. Planta Med, 1983:47:244-245

Mikage M, Kiuchi F, Sakai S, Tsuda Y: Morphological study and alkaloidal analysis of Uncaria scandens (Rubiaceae) from Nepal. Natural Medicines, 1994;48:155-160

Sakakibara I, Takahashi H, Terabayashi S et al: Discrimination of ninie species of Uncaria (Rubiaceae), original plants of Chinese natural medicine, Diao-teng-gou, based on stem anatomy and HPLC w jęz.japońskim]. J Jap Botany 1999; 74:42-52

Martin GE, Sanduja R, Alam M: Isolation of isopteropodine from the marine mollusk Nerita albicilla: establishment of the structure via two dimensional NMR techniques. J Nat Prod, 1986; 49: 406-411

Merlini L, Mondelli R, Nasini G, Hesse M: The structure of roxburghines A-E, new indole alkaloids from an Uncaria sp. Tetrahedron 1970;26:2259-2279

Chan KC: Gambirdine and isogambirdine, the alkaloids from Uncaria gambir (Hunt) Roxb. Tetrahedron Lett, 1968; 30:3403-3406

Merlini L, Mendelli R, Nasini G, Hesse M: Gambirine, a new indole alkaloid from Uncaria gambir roxb. Tetrahedron Lett, 1967;16:1571-1574

Chan KC, Morsingh F, Yeoh GB: Alkaloids of Uncaria pteropoda. Isolation and structures of pteropodine and isopteropodine. J. Chem Soc Perkin 1, 1966;24:2245-2249

Shamma M, Shine RJ, Kompis I et al: The stereochemistry of the pentacyclic oxindole alkaloids. J Am Chem Soc, 1967;89:1739-1740

Laus G: Kinetics of isomerization of tetracyclic spiro oxindole alkaloids J Chem Soc Perkin Trans 2, 1998;315-317

Wurm M, Kacani L, Laus G et al: Pentacyclic oxindole alkaloids from Uncaria tomentosa induce human endothelial cells to release a lymphocyte-proliferation-regulating factor. Planta Med, 1998;64:701-704

Wirth C, Wagner H: Pharmacologically active procyanidines from the bark of Uncaria tomentosa. Phytomedicine, 1997;4:265-266

Senatore A, Cataldo A, Iaccarino FP, Elberti MG: Ricerche fitochimiche e biologiche sulló Uncaria tomentosa. Boll Soc Ital Biol Sper, 1989;65:517-520

Cerri R, Aquino R, De Simone F, Pizza C: New Quinovic glycosides from Uncaria tomentosa. J Nat Prod, 1988;51:257-261

Aquino R, de Simone F, Pizza C et al: Phytochem, 1988; 27:2927

Aquino R, de Simone F, Pizza C et al: Plant metabolites. Structure and in vitro antiviral activity of quinovic acid glycosides from Uncaria tomentosa and Guettarda platypoda. J Nat Prod, 1989;52:679-685

Aquino R, de Tommasi N, de Simone F, Pizza C: Triterpenes and quinovic acid glycosides from Uncaria tomentosa. Phytochem, 1997;45:1035-1040

Yepez AM, de Ugaz OL, Alvarez CM et al: Quinovic acid glycosides from Uncaria guianensis. Phytochemistry, 1991;30:1635-1637

Kitajima M, Hashimoto K-I, Yokota M et al: Two new 19-hydroxyursolic acid-type triterpenes from Peruvian ,,U–a de GatoÓ (Uncaria tomentosa). Tetrahedron, 2000;56:547-552

Aquino R, De Simone F, Vincieri FF et al: New polyhydroxylated triterpenes from Uncaria tomentosa. J Nat Prod, 1990;53:559-564

Van Ginkel A: Identification of the alkaloids and flavonoids from Uncaria tomentosabark by TLC in quality control. Phytother Res 1996;10 (suppl. I):S18-19

Tirillini B: Fingerprints of Uncaria tomentosa leaf, stem and root bark decoction. Phytother Res, 1996;10(suppl. I):S67-68

Stuppner H, Sturm S, Konwalinka G: HHPLC-analysis of the main oxindole alkaloids from Uncaria tomentosa. Chromatographia, 1992;34:597-600

Stuppner H, Sturm S, Konwalinka G: Capillary electrophoretic analysis of oxindole alkaloids from Uncaria tomentosa. J Chromatogr,1992;609:375-380

Sturm S, Stuppner H: Capillary zone electrophoretic analysis of oxindole alkaloids form Uncaria tomentosa. Planta Med, 1992;58(7 suppl.):A593

Lopez-Avila V, Benedicto J, Robaugh D: Supercritical fluid extraction of oxindole alkaloids from Uncaria tomentosa. HRC J High Res Chromatogr, 1997;20:231-236

Sakai S: Chemical studies of indole alkaloids. Yakugaku Zasshi, 1995;115:351-369

Martin SF, Mortimore M: New methods for the synthesis of oxindole alkaloids. Total syntheses of isopteropodine and pteropodine. Tetrahedron Lett, 1990;31:4557-4560

Ozaki Y: Pharmacological studies of indole alkaloids obtained from domestic plants, Uncaria rhynchophylla Miq. And Amsonia elliptica Roem. Et Schult. Nippon Yakurigaku Zasshi, 1989;94:17-26

Sakakibara I, Takahashi H, Yuzurihara M et al: Pharmacognostical and pharmacological evaluations of Uncaria sinensis (Rubiaceae). Natural Medicines, 1997;51:79-83

Ozaki Y: Vasodilative effects of indole alkaloids obtained from domestic plants, Uncaria rhynchophylla Miq. and Amsonia elliptica Roem. et Schult. Nippon Yakurigaku Zasshi, 1990;95:47-54

Mimaki Y. Toshimizu N, Yamada K, Sashida Y: Anti-convulsion effects of choto-san and chotoko (Uncariae Uncus cam Ramlus) in mice, and identification of the active principles. Yakugaku Zasshi, 1997;117:1011-1021

Harada M, Ozaki Y, Sato M: Ganglion blocking effect of indole alkaloids contained in Uncaria genus and Amsonia genus and related synthetic compounds on the rat ruperior cervical ganglion in situ. Chem Pharm Bull (Tokyo), 1974;22:1372-1377

Harada M, Ozaki Y, Ohno H: Effects of indole alkaloids form Gardneria nutans Sieb. et Zucc. and Uncaria rhynchophylla Miq. on a guinea pig urinary bladder preparation in situ. Chem Pharm Bull (Tokyo), 1979;27:1069-1074

Nakazama K, Watano T, Ohara Imaizumi M, Inoue K, Fujimori K, Ozaki Y, Harada M, Takanaka A: Inhibition of ion channels by hirsutine in rat pheochromocytoma cells. Jpn J Pharmacol, 1991;57: 507-515

Yano S, Horiuchi H, Horie S et al: Ca^{2+} channel blocking effects of hirsutine, and indole alkaloid from Uncaria genus, in the isolated rat aorta. Planta Med, 1991;57:403-405

Horie S, Yano S, Aimi N et al: Effects of hirsutine, an antihypertensive indole alkaloid from Uncaria rhynchophylla, on intracellular calcium in rat thoracic aorta. Life Sci, 1992;50:491-498

Konno K, Inoue H, Fujiwara M et al: Inhibitory effect of hirsutine on influenza virus replication in vitro. Antiviral Res, 1997;34:88

Takayama H, Iimura Y, Kitajima M et al: Discovery of anti-influenza. A virus activity of a corynanthe-type indole alkaloid, hirsutine, in vitro and the structure-activity relationship of natural and synthetic analogs. Bioorg Med Chem Lett, 1997;7:3145-3148

Zhu M, Bowery NG, Greengrass PM, Phillipson JD: Application of radioligand receptor binding assays in the search for CNS active principles from Chinese medicinal plants. J Ethnopharmacol, 1996;54:153-164

Zhu M, Phillipson JD, Yu H et al: Application of radioligand-receptor binding assays in the search for the active principles of the traditional Chinese medicine ÔGoutengÕ. Phytother Res, 1997;11:231-236

Masumiya H, Saitoh T, Tanaka Y et al: Effects of hirsutine and dihydrocorynantheine on the action potentials of sino-atrial node, atrium and ventricle. Life Sci, 1999;65:2333-2341

Shimada Y, Goto H, Itoh T et al: Evaluation of the protective effects of alkaloids isolated from the hooks and stems of Uncaria sinensis on glutamate-induced neuronal death in cultured cerebellar granule cells from rats. J Pharm Pharmacol, 1999;51:715-722

Watano T, Nakazawa K, Obama T et al: Non-competitive antagonism by hirsuteine of nicotinic receptor-mediated dopamine release from rat pheochromocytoma cells. Jpn J Pharmacol, 1993;61:351-356

Kanatani H, Kohda H, Yamasaki K et al: The active principles of the branchlet and hook of Uncaria sinensis Oliv. Examined with a 5-hydroxytryptamine receptor binding assay. J Pharm Pharmacol, 1985;37:401-404

Chang P, Koh YK, Geh SL et al: Cardiovascular effects in the rat of dihidrocorynantheine isolated from Uncaria callophylla. J Ethnopharmacol, 1989;25:213-215

Ito Y, Yano S, Watanabe K et al: Structure-activity relationship of yohimbine and its related analogs in blocking alpha-1 and alpha-2 adrenoceptors: A comparative study of cardiovascular activities. Chem Pharmacol Bull (Tokyo) 1990;38:1702-1706

Blaxall HS, Murphy TJ, Baker JC et al: Characterization of the alpha-2C adrenergic receptor subtype in the opossum kidney and in the OK cell line. J Pharmacol Exp Ther, 1991;259:323-329

Roquebert J: Selectivity of raubasine stereoisomers for alpha 1- and alpha 2-adrenoceptors in the rat. Arch Int Pharmacodyn Ther, 1986;282:252-261

Roquebert J, Demichel P: Inhibition of the alpha 1 and alpha 2-adreneoceptor-mediated pressor response in pithed rats by raubasine, tetra-hydroalstonine and akuammigine. Eur J Pharmacol, 1984;106:203-205

Roquebert J, Demichel P, Dufour P: Differential inhibition of raubasine and tetrahydroalstonine on the vasopressor response to sympathetic nervous stimulation and intravenous noradrenaline in the pithed rat. J Pharmacol, 1985;16:412-420

Demichel P, Roquebert J: Effects of raubasine stereoisomers on pre- and postsynaptic alpha-adrenoceptors in the rat vas deferens. Br J Pharmacol, 1984;83:505-510

Sakakibara I, Terabayashi S, Kubo M et al: Effect on locomotion of indole alkaloids from the hooks of Uncaria plants. Phytomedicine, 1999;6:163-168

Stuppner H, Sturm S, Geisen G et al: A differential sensitivity of oxindole alkaloids to normal and leukimic cell lines. Planta Med, 1993;59(7suppl.):A583

87. Sutter MC, Wang XX: Recent cardiovascular drugs from Chinese medicinal plants. Cardiovasc Res, 1993;27:1891-1901

Shi JS, Liu GX, Wu Q et al: Effects of rhynchophylline and isorhynchophylline on blood pressure and blood flow of organs in anesthetized dogs. Chung Kuo Yao Li Hsueh Pao, 1992;1335-1338

Raymond-Hamet M: R Soc Biol, 1934;115:255

Aisaka K, Hattori Y, Kihara T et al: Hypotensive action of 3 alpha-dihydrocadambine, an indole alkaloid glycoside of Uncaria hooks. Planta Med, 1985;51:424-427

Sun AS, Wu Q, Liu GX: Compared antihypertensive effect of dihydralazine with rhynchophylline or totoal alkaloids of Uncaria macrophylla in conscious animals. Chin Pharmacol Bull, 1996;12:513-515

Perrot E, Raymond-Hamet M, Millat L: Bull Sci Pharmacol, 1936;43:694

Yamahara J, Miki S, Matsuda H et al: Screening test for calcium antagonist in natural products. The active principles of Uncariae ramulus et uncus. Nippon Yakurigaku Zasshi, 1987;90:133-140

Wang XL, Zhang LM, Hua Z: Blocking effect of rhynchophylline on calcium channels iniisolated rat ventricular myocytes. Chung Kuo Yao Li Hsueh Pao, 1994;15:115-118

Huang XN, Shi JS, Xie XL: Effects of rhynchophylline and isorhynchophylline on the [45]Ca-transportation in rabbit aorta on in rabbit aorta. Chin Pharmacol Bull, 1993;9:428-430

Wang XL, Zhang LM, Hua Z: Effect of rhyncophylline on potassium channels in isolated rat or guinea pig ventricular myocytes. Yao Hsueh Hsueh Pao, 1994;29:9-14

Shi JS, Huang B, Wu Q, Ren RX, Xie XL: Effects of rhynchophylline on motor activity of mice and serotonin and dopamine in rat brain. Chung Kuo Yao Li Hsueh Pao, 1993;14:114-117

Chen C-X, Jin R-M, Li Y-K et at: Inhibitory effect of rhynchophylline on platelet aggregation and thrombosis. Acta Pharmacol Sinica, 1992;13:126-130

Jin RM, Chen CX, Li YK, Xu PK: Effect of rhyncophylline on platelet aggregation and experimental thrombosis. Yao Hsueh Hsueh Pao, 1990;37:246-249

Sun AS, Zhang W, Liu GX: Effects of isorhynchophylline on heart conduction function in anesthetized rabbits. Chin J Pharmacol Toxicol, 1995;9:113-115

Zhu Y: The negative chronotropic effect of isorhynchophylline and its mechanism. Chung Kuo Chung Yao Tsa Chih, 1993;18:745-7,764

Zhu Y, Huang X, Liu G: Effects of isorhynchophylline on physiological characteristics of isolated guinea pig atrium. Chung Kuo Chung Yao Tsa Chih, 1995;20:112-4,128

Gorman M, Tust R, Scoboda G, Le Man J:J Nat Prod (Lloydia), 1964;27:214

Endo K, Oshima Y, Kikuchi H et al: Hypotensive principles of Uncaria hooks. Planta Med, 1983;49:188-190

Liu GX, Huang XN, Peng Y: Hemodynamic effects of total alkaloids of Uncaria macrophylla in anesthetized dogs. Chung Kuo Yao Li Hsueh Pao, 1983;4:114-116

Lin GX, Shi JS, Wu Q et al: Study on cardiovascular effects of Uncaria rhynchophylla (Miq.) Jackson. Eur J Pharmacol, 1990;183:873

Wu CC, Chang CC, Chen RL: The antihypertensive effect of Uncaria rhynchophylla in essential hypertension. Taiwan I Hsueh Hui Tsa Chih, 1980;79:749-752

Chang CC, Tung LH, Chen RR, Chiueh CC: A study on the antihypertensive action of uncarine A, an alkaloid of Uncaria formosana used in Chinese herb medicine. Taiwan I Hsueh Hui Tsa Chih, 1979;78:61- 69

Liu J, Mori A: Antioxidant and free radical scavenging activities of Gastrodia elata Bl. And Uncaria rhynchophylla (Miq.) Jacks. Neuro-pharmacology, 1992;31:1287-1298

Kim DY, Choi JW, Kim HY et al: Anticonvulsant effect of Uncariae Ramulus et Uncus. I. Anticonvulsant effect of ethyl acetate fraction. Kor J Pharmacogn, 1996;27:53-57

Hsieh C-L, Chen M-F, Li T-C et al: Anticonvulsant effect of Uncaria rhynchophylla (Miq) Jack in rats with kainic acid-induced epileptic seizure. Am J Chin Med 1999;27:257-264

Balanchru S, Nagarajan B: Protective effect of oleanolic acid and ursolic acid against lipid peroxidation. Biochem Int. 1991;24:981-990

Kim SH, Ahn BZ, Ryu SY: Antitumour effects of ursolic and isolated from Oldenlandia diffusa. Phytother Res, 1998;12:553-556

Bal S: Naturalne substancje przeciwnowotworowe. Oficna Wydawnicza Medyk, Warszawa 2000

Dittmar HF, Con AC: Arq Oncologia, 1968;9:190

Mukhtar H: Tea components: antimutagenic and anticarcinogenic effects. Prev Med, 1992;21:351-360

Clementson CAB, Anderson L: Plant polyphenols as antioxidants for ascorbic acid. Ann N Y Acad Sci, 1966;136:339-378

Uchida S: Prolongation of life span of stroke-prone spontaneously hypertensive rats (SHRSP) ingesting persimmon tannin. Chem Pharm Bull (Tokyo), 1990;38:1049-1052

Lee JS, Kim J, Kim By et al: Inhibition of phospholipase cgammal and cancer cell proliferation by triterpene esters from Uncaria rhynchophylla. J Nat Prod, 2000;63:753-756

Sheng Y, Pero RW, Amiri A, Bryngelsson C: Induction of apoptosis and inhibition of proliferation in human tumor cells treated with extracts of Uncaria tomentosa. Anticancer Res, 1998;18:3363-3368

Sheng Y, Bryngelsson C, Pero RW: Enhanced DNA repair, immune function and reduced toxicity of C-MED-100TM, a novel aqueous extract from Uncaria tomentosa. J Ethnopharmacol, 2000;69:115-126

Shen Y, Pero RW, Wagner H: Treatment of chemotherapy-induced leukopenia in a rat model with aqueous extract from Uncaria tomentosa. Phytomedicine, 2000;7:137-143

Getmanskaia NV, Kovalenko LP, Telegin LI et al: Effect of the preparation „koshachy kogotÓ on some immunity indices in mice (w jęz. rosyjskim). Toxicol Bull (Moskva) 1997;(5):22-25

Sandoval M, Charbonnet RM, Okuhama NN et al: CatÕs claw inhibits TNFalpha production and scavenges free radicals: role in cytoprotection. Free Radic Biol Med, 2000;29:71-78

Budzinski JW, Foster BC, Vanderhoek S, Amason JT: An in vitro evaluation of human cytochrome P450 3A4 inhibition by selected commercial herbal extracts and tinctures. Phytomedicine 2000, 7:273-282

Desmarchelier C, Mongelli E, Coussio J, Ciccia G: Investigations into the antioxidant activity of two medicinal plants used as antiinflamatory in South America. Ann R. Acad Fam, 1996; 62:357-373

Desmarchelier C, Mongelli E, Coussio J, Ciccia G: Evaluation of the in vitro antioxidant activity in extracts of Uncaria tomentosa (Willd.) DC. Phytother Res, 1997;11:254-256

Ostrachovich EA, Getmanskaia NV, Durnev AD: Effect of Uncaria tomentosa extract on the production of peroxymitrite by peripheral blood polynuclear cells of healthy or diabetic people (w jęz. rosyjskim). Khim Fasrm Zh, 1998;(10):31-33

Ohsugi M, Wen-Zhe F, Hase K et al: Active-oxygen scavenging activity of traditional nourishing-tonic herbal medicines and active constituents of Rhodiola sacra. J Ethopharmacol, 1999;67:111-119

Goto H, Shimada Y, Tanigawa K et al: Effect of :Unariae ramulus et Uncus on endothelium in spontaneously hypertensive rats. Am J Chin Med, 1999;27:339-345

Goto H, Sakakibara I, Shimada Y et al: Vasodilator effect of extract prepared from Uncarie ramulus on isolated rat aorta. Am J Chin Med, 2000;28:197-203

Sugimoto A, Goto K, Ishige A et al: Effect on CHoto-san, a Kampo medicine, on the cerebral blood flow autoregulation in spontaneously hypertensive rats. Jpn J Pharmacol, 2000;83:135-142

Rizzi R, Re F, Bianchi A et al: Mutagenic and antimutagenic activities of Uncaria tomentosa and its extracts. J Ethnopharmacol, 1993;38:63-77

Santa Maria A, Lopez A, Diaz MM et al: Evaluation of the toxicity of Uncaria tomentosa by bioassays in vitro. J Ethnopharmacol, 1997;57:183-187

Ueng TH, Kang JJ, Wang HW, Lin PC: An overview of the toxicology of commonly used Traditional Chinese Medicine. J Food Drug Anal, 1997;5:241-264

Morton JF: Widespread tannin intake via stimulants and masticatories, especially guarana, kola nut, betel vine, and accessories. Basic Life Sci, 1992;59:739-765

Ostendorf FW: Nuttige planten en Sierplanten in Suriname. Suriname Bull, 1962;79:199-200

Lock de Ugaz O, Callo NC: La uña de gato: su estudio cientifico. Rev Quim, 1991;5:47-53

Mustalish RW, Evans B, Tucker C, Klein K: Development of a phytohabitat index for medicinal plants in the Peruvian Amazon, Acta Hort, 1996;426:123-131

Nalvarte WA, do Jong W, Dominguez G: Plantas Amazónicas de uso medicinal. Diagnóstico de un sector económico con un potencial de realizacion. Center for International Forestry Research-Universidad Nacional Agraria La Molina, Lima, Peru, 1999

Jong W de, Melnyk M, Lozano LA et al: U–a de gato: fate and future of a Peruvian forest resource. Center for International Forestry Research. CIFOR Occasional Paper, 1999; No. 22.

14

TRES SUPLEMETOS

LO PROMETIDO ES DEUDA

Se dijo al principio que a la propuesta de diez suplementos que constituyen *La Fórmula Almodóvar*, habría que añadir otros tres, que si no son exactamente suplementos, son absolutamente fundamentales en la rutina diaria, para enfrentarse con éxito al apasionante reto de vivir la segunda parte de la vida en plenitud y optimismo. Se trata del agua, el ejercicio físico y las bebidas alcohólicas fermentadas, fundamentalmente vino y cerveza, aunque también entran en el lote la sidra y el cava.

Tal inclusión no es desde luego un hallazgo y mucho menos una originalidad, ya que estos tres "suplementos" figuran en la base y aledaños de la Pirámide de la Alimentación Saludable de la Sociedad Española de Nutrición Comunitaria.

Agua que es fluido vital

Todo el mundo sabe que, después del aire, el agua es el compuesto más importante para la vida. Para darse una mínima idea de su trascendencia, baste considerar que el cerebro está formado por alrededor de 80% de agua, la sangre de 82%, los pulmones de 90%, los músculos de 75% y los huesos de 22%. Una caída de solo un 2% en el agua del organismo propicia signos claros de deshidratación, como falta de memoria próxima, problemas para el cálculo más elemental y dificultades para el enfoque visual. Se puede sobrevivir bastante tiempo sin comer, pero sólo unos pocos días sin beber.

Pero aquí no se trata de sobrevivir sino de vivir y vivir bien. La ingesta regular y abundante de agua hace que se acelere el metabolismo, quemando calorías alrededor de un 3% más rápido. Por otra parte, parece que la sensación de sed suele venir acompañada de sensación de apetito, por lo que es fácil malinterpretar la señal y lanzarse a una ingesta mayor de calorías. Además, el agua actúa como un purificador natural que ayuda a expulsar las toxinas y desechos del organismo y su acción lubricante hidrata la superficie de la piel. También ayuda el agua a combatir la sensación de fatiga, debido a su importante función de apoyo al torrente sanguíneo en su tarea de transportar los nutrientes a todas las áreas del cuerpo; algo que no funciona correctamente produce sensación de cansancio y aletargamiento. El agua ayuda en la digestión empujando la materia alimenticia a través de los intestinos y acelerando los procesos de digestión y evacuación. En este punto, el consumo de agua es un excelente remedio para combatir el estreñimiento, uno de los grandes males de la dieta contemporánea y precursor de multitud de problemas añadidos. Para resumir y además de lo dicho, el agua ayuda a prevenir y combatir enfermedades como cálculos renales, ateroesclerosis, artritis, cataratas, glaucoma, diabetes, hipoglucemia, molestias del embarazo, y deterioros relacionados con el proceso de envejecimiento.

La cantidad sugerida de agua suele ser en torno a los dos litros diarios o entre ocho y diez vasos al día. No obstante, nunca hay que perder de vista que cada persona es un mundo y cada cual tiene sus necesidades específicas en relación a su peso, sus condiciones y sus hábitos de vida.

DE LO IMPRESCINDIBLE DEL EJERCICIO FÍSICO

En cuanto al ejercicio físico, practicarlo a diario es de todo punto fundamental para mantenerse en forma física y mental. Por supuesto no se trata de competir al límite ni de practicar deporte de élite, sino algo tan sencillo como caminar, bajar y subir escaleras, bailar, montar en bicicleta o pedalear en la bici estática, mientras se ve la televisión o se lee el periódico.

El ejercicio cotidiano es beneficioso para la salud del corazón porque al hacer un esfuerzo aumenta la cantidad de sangre que en cada latido expulsa el corazón, de forma que se incrementa la eficiencia cardiaca, gastando menos energía para trabajar. Además ayuda a reducir la presión arterial, incrementa la circulación en todos los músculos, disminuye la formación de coágulos y así previene los riesgos de infarto y trombosis, mejora el funcionamiento del sistema venoso previniendo la aparición de varices. En lo referente al metabolismo, el ejercicio regular, entre otros beneficios, hace que aumente el consumo de grasas lo que ayuda a perder peso de forma saludable, hace que disminuya el colesterol total y del LDL o colesterol "malo", mejora la tolerancia a la glucosa, lo que previene la aparición de la diabetes tipo 2 o el tratamiento en su caso, incrementa la secreción y el trabajo de diferentes hormonas que contribuyen a la mejoría de las funciones del organismo, mejora las prestaciones sexuales y la respuesta inmunológica. Sobre el aparato locomotor los beneficios del ejercicio son más que evidentes, especialmente porque aumenta la elasticidad muscular y articular, aumenta la fuerza y resistencia de los músculos, y previene la aparición de osteoporosis. Por último, pero no menos importante que todo lo anterior, el ejercicio físico introduce importantes modificaciones y todas positivas en la personalidad, tales como la estabilidad emocional, autoestima, extroversión, etc. También incrementa la sensación de bienestar y disminuye el estrés mental, al liberarse endorfinas, neurotransmisores cerebrales de estructura química similar a morfina, disminuye la agresividad, la ansiedad, la angustia y la aparición de estados depresivos.

Vino que del cielo vino

Y para cerrar con un brindis, las bebidas alcohólicas fermentadas, empezando por decir, para entrar después y más intensamente en el vino, que la cerveza es un excelente reservorio de vitaminas del grupo B (imprescindibles para mantener en orden y activo el sistema nervioso central), al punto de que puede llegar a cubrir hasta el 7% de las necesidades diarias de vitamina B12 y el 12% de ácido fólico. Tiene propiedades antioxidantes, antienvejecimiento y anticancerígenas, aporta fósforo, proteínas, carbohidratos, sales, agua, silito (interesante en la prevención de osteoporosis), y aumenta el "colesterol bueno".

Dicho todo lo cual, llega el momento de entrar en el vino.

Hace tiempo que la ciencia se situó, como Gonzalo de Berceo, ante un vaso de bon vino, para constatar sus muchas saludables virtudes.

Uno de los hitos científicos contemporáneos en la constatación de las virtudes cardiosaludables del vino fue la formulación científica, en 1992, de la llamada "paradoja francesa". Llamaba la atención el hecho de que la población de este país, acreditada en sus hábitos alimenticios por el uso, y con frecuencia abuso, de embutidos, quesos grasos y generosas dosis de mantequilla en la cocina, presentara unas tasas de enfermedades cardiovasculares

inferiores a las de los países nórdicos europeos. Los científicos Renaud y Lorgeril fueron los primeros en avanzar la hipótesis de que la explicación a la aparente paradoja habría que buscarla en el habitual consumo de vino tinto, una bebida cardiosaludable, antienvejecimiento y anticancerígeno.

Cada vez es más evidente que el vino, sobre todo el tinto, actúa positivamente sobre los lípidos plasmáticos; las plaquetas o la coagulación sanguínea, convirtiéndose, en las dosis adecuadas, en un agente preventivo de enfermedades degenerativas. También, numerosos estudios, como el de Kondo, en 1994, y el de Stockley, en 1995, han puesto de manifiesto que los compuestos fenólicos del vino inhiben la oxidación de las LDL o "colesterol malo" y, en consecuencia disminuyen sus adversos efectos. Por otra parte, en experimentos realizados in vitro bajo condiciones controladas, el profesor de la Universidad de Sevilla, A. M. Troncoso González, demostró que la capacidad antioxidante del vino tinto es incluso superior a la de las vitaminas C y E. Otro estudio, realizado conjuntamente entre investigadores del William Harvey Research Institute y la Queen Mary University londinense, y publicado en la prestigiosa revista *Nature* en 2001, demostró que el vino tinto bloquea la síntesis de un compuesto celular, la endotelina-1, que interviene decisivamente en el desarrollo de las enfermedades cardiacas.

Uno de los componentes más interesantes que se encuentra en la piel de la uva es el resveratrol, potente inhibidor de la agregación plaquetaria y agente favorecedor del equilibrio lipídico del suero. Las propiedades anticarcinogénicas del resveratrol han sido estudiadas por investigadores de la Universidad de Illinois, EEUU, y en 1997 la revista *Science* publicó un estudio realizado en ratones con cáncer de piel, que evidenciaba la positiva acción de este componente en las tres fases de la carcinogénesis: iniciación del tumor, promoción y progresión, manifestándose como agente quimiopreventivo de la proliferación celular maligna.

Además, y esto se sabe desde antiguo, el vino es antiséptico, digestivo y euforizante; algo que corroboró el Nobel Alexander

Fleming, cuando escribió: "...puede que lo que cure al hombre sea la penicilina, pero lo que le hace feliz es el vino". Tomado en las comidas actúa positivamente sobre el aparato digestivo, favoreciendo la absorción de las proteínas de carnes pescados y quesos, con los que además, si se elige bien el tipo y como veremos, puede maridar espléndidamente. También es antiséptico, ya que su alcohol y otros componentes tienen propiedades bactericidas; algo que acertadamente intuían los personajes de la novela picaresca.

Llegados a este punto, y ante el aluvión de citas y datos referidos al vino, del que obviamente no se han beneficiado los anteriores epígrafes, quizá resulte innecesario aclarar que el autor de este libro es un apasionado del vino, lo que probablemente hará sospechar que intenta pasar por alto el siempre espinoso asunto de la moderación en su consumo.

No es así, por supuesto, y a eso vamos para concluir. Para Juancho, el humorista de la desaparecida revista *La Codorniz*: "El vino es saludable mientras no nos impida pronunciar claramente paralelepípedo", pero ante el riesgo de que tal opinión pueda parecer carente de rigor científico, me remitiré a la respuesta que en 2003 me brindó el Dr. Jorge Rius, Director de Cardiología del Centro Médico Teknon, de Barcelona, y Presidente de la Asociación Catalana de Ayuda a la Cardiología, cuando le pregunté qué recomendaba él a su pacientes:

Pues les pregunto: ¿usted consume alcohol?, pues muy bien, pero hágalo con moderación... Claro que decir esto es como sugerir una dieta equilibrada, unos hábitos de ejercicio saludables... hay que concretar. ¿Qué considero yo moderación? Pues yo acepto perfectamente dos vasos de vino en la comida y otros dos en la cena, una cerveza antes de la comida y otra antes de la cena y un whisky a la caída de la tarde, antes de la cena... en total esto viene a sumar unos 40 gramos al día, sin exceder los 50, que no es prudente. Ahora bien, si mi paciente me dice que es abstemio yo no le voy a recomendar que empiece a beber... hoy por hoy no podemos recomendar el alcohol como si fuera una medicación.

A MODO DE EPÍLOGO

Pues hasta aquí este apresurado… ¿manual?, ¿recetario?, ¿decálogo? Sin duda esto último sí por el número de recomendaciones específicas y fórmula personal, con la que he pretendido orientarles hacia una meta de bienestar y salud, en un tramo crucial de la vida en el que, las más de las veces, por simple efecto óptico, parece que la cuesta se empina.

La idea de bienestar y buena forma que he intentado transmitir y centrar, va mucho más allá de la simple ausencia de enfermedad o padecimiento específico.

Olvidar a cada paso dónde demonios hemos dejado las llaves o no recordar que habíamos quedado para comer, no es, ni mucho menos, una enfermedad. Tener dificultades para subir peldaños de dos en dos en una escalera, no es motivo para acudir a urgencias hospitalarias; notar como las pulsiones de la de libido van aquietándose, y el tiempo y la firmeza de la erección se acortan, quizá no sea razón para acudir a un especialista. Constatar que las cosas ya no son como eran y que la noche que salimos de marcha lo pagamos con sangre, sudor y lágrimas, no tiene por qué llevarnos ni a la depresión ni a la consulta médica… Todos ellos son síntomas no de enfermedad, sino avisos en nuestro particular panel de instrumentos, que nos advierten de que hay que repasar la maquinaria vital y reponer niveles.

Hoy, con una esperanza de vida que supera las ocho décadas y una ciencia médico-quirúrgica extraordinariamente avanzada y socializada, vivir en plenitud debe ser; tiene que ser algo sustancialmente distinto y objetivamente superior a un llevar los achaques como mejor se pueda.

Hay que estar mejor que mejor y para lograrlo es imprescindible recurrir a suplementos que, como se dijo, o el organismo ha dejado de producir eficazmente o ya no están en los alimentos en la medida que pudiera considerarse adecuada e incluso terapéutica.

Oscar Wilde nos dejó escrito que: "A veces podemos pasarnos años sin vivir en absoluto, y de pronto toda nuestra vida se concentra en un solo instante". Confío en que este libro que tiene en sus manos forme parte de ese instante en el que justamente puede empezar a vislumbrarse el magnífico horizonte de la segunda mejor etapa de su vida.

BIBLIOGRAFÍA BÁSICA

ALMODÓVAR, Miguel Ángel. *Cómo curan los alimentos.* Barcelona: RBA Libros, 2000.

---. *Valores Terapéuticos y Nutricionales del Vino.* Madrid: IM&C Editor, 2003.

BALCH, Phyllis A. *Prescription for Nutricional Healing.* Nueva York: Penguin Group.

CASH, Hyla. *Suplement your Prescription. What Your Doctor Doesn't Know About Nutrition.* CA: Basic Health Publications, Laguna Beach.

DUFOUR, Anne; FESTY, Danièle. *La revolución de los omega 3.* Barcelona: Robin Book, 2007.

FALDER RIVERO, Ángel. *Enciclopedia de los alimentos.* Madrid: Empresa Nacional MERCASA, 2007.

MARISCAL, Claudio. *100 errores de la nutrición.* Madrid: Ediciones Temas de Hoy, 1998.

MASON, Pamela. *Suplementos dietéticos.* Madrid: Editorial Ars Medica, 2005.

MATAIX, José & GIL, Ángel (Coordinadores). *Libro blanco de los Omega-3.* Madrid: Editorial Médica Panamericana, 2004.

MOATI, Roger. *Comer para no enfermar*. Navarra: Salvat Editores, 1999.

PENSATI, Helen; HOFFMAN, Barbara. *Vitaminas minerales y suplementos*. USA: Caribe-Betania Editores.

SANTONJA GÓMEZ, Rafael; LÓPEZ CILLANUEVA, Nieves. *Enciclopedia de Nutrición*. Madrid: Mega Fitness, 2002.

SERRA MAJEM, Lluís y otros varios autores. *Guía de la alimentación saludable. León:* Sociedad Española de Nutrición Comunitaria, 2005.

SINATRA, Stephen T., *The Sinatra Solution. New Hope for Preventing and Treating Heart Disease*. Laguna Beach, CA: Basic Health Publications.

VIDAL CAROU, M. Carmen (Coordinadora). *¿Sabemos lo que comemos?* Barcelona: RBA Libros, 2003.

Centros y Asociaciones

Asociación Caae,
Comité Andaluz de Agricultura Ecológica
Avda. Emilio Lemos, Edif. Torre Este. Mód. 603.
41020 Sevilla
Teléfono: 955 024150
www.caae.es

Asociación de Herbodietética de Aragón,
Herdinza
San Jorge, 10, 1ª. planta.
50001 Zaragoza
Teléfono: 976204545
www.ecos.es

Asociación de Herbodietética de Las Palmas,
Fedalime
León y Castillo, 49, 1º.
35003 Las Palmas
Teléfono: 928364411
www.fedalime.com

ASOCIACIÓN DE HERBOLARIOS DEL PRINCIPADO
DE ASTURIAS
Avda. Schultz, 182, bajo.
33210 Gijón
Teléfono: 985 151857
www.herbolariosprincipado.es

ASOCIACIÓN DE HERBOLARIOS Y DIETÉTICAS
DE EUSKADI
Alameda Mazarredo, 47, 3ª planta, departamento 1B.
48009 Bilbao
Teléfono: 94 423 33 30
www.sendie.net

ASOCIACIÓN ESPAÑOLA DE FABRICANTES
DE PREPARADOS ALIMENTICIOS ESPECIALES DIETÉTICOS
Y PLANTAS MEDICINALES, AFEPADI
Aragón, 208-210, ático 4ª.
08011 Barcelona
Teléfono: 93 454 87 25

ASOCIACIÓN PROFESIONAL DE HERBOLARIOS Y
DIETÉTICAS DE MADRID, APROHIDEM
Maudes, 51. Planta baja.
28003 Madrid
Teléfono: 91 536 22 78
www.asociacionherbolariosmadrid.com

FEDERACIÓN ESPAÑOLA DE TERAPIAS NATURALES
NO CONVENCIONALES, COFENAT.
P. de las Acacias, 49, 1º. C.
Teléfono: 902 36 76 74
www.cofenat.es

Fenaco Andalucía

Almirante Lobo, 2 4º. izq.
41001 Sevilla
Teléfono: 685 85 38 95
www.fenaco.net

Unión Asturiana de Dietéticas, Herbolarios y Parafarmacias, Unadiher

Guipúzcoa 43 bajo
33210 Gijón
Teléfono: 985 21 01 00

Asociación vida sana

Ángel Guimera, 1, 1º, 2ª.
08172 Sant Cugat del Vallés
Barcelona
Teléfono: 93580 08 18

Nutrifarmacias *on line*

www.midietetica.com   www.casapia.com
Reus, Tarragona, España.

www.facilfarma.com
Cambados, Pontevedra, España.

www.naturallife.com.uy
Montevideo, Uruguay.

www.farmaciasdesimilares.com.mx
México DF. México.

www.laboratoriosfitoterapia.com
Quito, Ecuador

www.farmadiscount.com
Lugo, España.

www.hipernatural.com
Madrid, España

www.biomanantial.com
Madrid, España

www.herbolariomorando.com
Madrid, España

www.mifarmacia.es
Murcia, España.

www.tubotica.net
Huelva. España.

www.elbazarnatural.com
Orense, España.

OTROS TÍTULOS

JACK CHALLEM Y MELISSA BLOCK

Guías prácticas de Salud,
Nutrifarmacia y Medicina Natural

ANTIOXIDANTES NATURALES

*Cómo reducir el riesgo de cáncer, Alzheimer
y enfermedades cardiovasculares*

nowtilus
vivir

Antioxidantes naturales

Numerosos estudios médicos han demostrado que los suplementos antioxidantes descritos en este libro, como la vitamina C o la coenzima Q10, pueden ayudar a tener una vida más saludable de una forma sencilla y natural, reduciendo el riesgo de enfermedades degenerativas y revirtiendo los síntomas y progreso de enfermedades del corazón o el Alzheimer. Toda la información sobre los suplementos que usted puede consumir cotidianamente para mejorar su salud, desde la razón de su importancia hasta las precauciones que debe tomar.

Autor: Jack Challem & Melissa Block
ISBN: 978-84-9763-446-5

JACK CHALLEM y LIZ BROWN

Guías prácticas de Salud,
Nutrifarmacia y Medicina Natural

VITAMINAS Y MINERALES ESENCIALES PARA LA SALUD

*Los nutrientes fundamentales para potenciar
tu energía y aumentar tu vitalidad*

nowtilus

Vitaminas y minerales esenciales para la salud

¿Son las vitaminas realmente buenas para nuestro organismo? ¿Y los minerales? Miles de estudios científicos lo avalan. Las vitaminas y los minerales son necesarios para todos los aspectos de nuestra salud, nuestro corazón, la resistencia a las infecciones, el cáncer, incluso para pensar con más claridad. En esta completa y práctica guía, los autores Jack Challem y Liz Brown, expertos en temas de salud y nutrición nos describen con claridad los beneficios y propiedades que pueden tener los suplementos vitamínicos en nuestro organismo.

Sabemos que alimentarnos correctamente, llevar un estilo de vida sano y agregar a nuestra dieta los suplementos nutricionales apropiados puede significar una gran diferencia para nuestra salud. La serie de Guías de Salud, de formato práctico y estilo conciso, le descubrirá todo lo que necesita saber acerca de los más eficaces suplementos nutricionales y de herbolario que pueden ayudarle a sentirse mejor y a prevenir o mitigar los problemas de salud más acuciantes y generalizados.

Autor: Jack Challem & Liz Brown
ISBN: 978-84-9763-361-1

HYLA CASS

Guías prácticas de Salud,
Nutrifarmacia y Medicina Natural

HIERBAS MEDICINALES

Remedios de herbolario que funcionan. La forma más
natural de prevenir las enfermedades y mantenerse sano

nowtilus
vivir

Hierbas medicinales

Una completa guía sobre las diez plantas medicinales más populares, con la que conocerá las propiedades de estos medios naturales de hacer frente a las enfermedades, junto con las instrucciones para utilizarlas adecuadamente. La experta nutricionista Hyla Cass analiza y explica hierbas de eficacia comprobada como la equinacea, que ayuda a mejorar nuestro sistema inmunológico para enfrentarnos a la gripe, el ginseng para aumentar nuestra energía, o la hierba de San Juan para recuperarnos de la depresión.

Autor: Hyla Cass
ISBN: 978-84-9763-432-8